KECHENG KAOHE GAIGE
TANSUO YU SHIJIAN

课程考核改革
探索与实践

姜东昕　叶和明　曾春花　主编

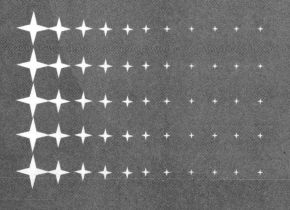

河北科学技术出版社
·石家庄·

图书在版编目（CIP）数据

　　课程考核改革探索与实践 / 姜东昕，叶和明，曾春花主编. -- 石家庄：河北科学技术出版社，2023.3
　　ISBN 978-7-5717-1460-4

　　Ⅰ．①课… Ⅱ．①姜… ②叶… ③曾… Ⅲ．①高等学校—课程改革—研究 Ⅳ．①G642.0

　　中国国家版本馆CIP数据核字(2023)第027667号

书　　名：课程考核改革探索与实践

作　　者：姜东昕　叶和明　曾春花　主编

选题策划：王　岩
责任编辑：李　虎
特约编辑：宋海龙
责任校对：徐艳硕
美术编辑：张　帆
封面设计：史　铮
出　　版：河北科学技术出版社
地　　址：石家庄市友谊北大街330号（邮政编码：050061）
印　　刷：河北万卷印刷有限公司
经　　销：新华书店
开　　本：787mm×1092mm　1/16
印　　张：10.75
字　　数：150千字
版　　次：2023年3月第1版　2023年3月第1次印刷
书　　号：ISBN 978-7-5717-1460-4
定　　价：86.00元

本书编委会

主　编：姜东昕　叶和明　曾春花

参　编：（按照姓氏拼音顺序排序）

安振涛　陈智博　段纬然　冯蒙丽　黄　鹏　郎　宾

李超旺　李成兵　李　娟　李永科　刘　杰　毛　琼

秦　岩　史宪铭　孙慧贤　向凯全　谢志英　杨　森

杨玉良　张　英　周海俊

前　言

《教育部关于加快建设高水平本科教育　全面提高人才培养能力的意见》明确提出：加强考试管理，严格考核过程，加大过程考核成绩在课程总成绩中的比重；健全能力与知识考核并重的多元化学业考核评价体系，完善学生学习过程监测、评估与反馈机制；综合应用笔试、口试、非标准答案考试等多种形式，全面考核学生对知识的掌握和运用，以考辅教、以考促学，激励学生主动学习、刻苦学习。

课程考核是课程教学的重要环节，是课程建设的重要内容，是提升课程教学质量的重要抓手，是课程建设去"水"成"金"的必然要求。当前院校课程考核中存在考核理念落后、考核标准不高、考核方法单一、考核反馈缺失，重记忆轻运用、重知识轻能力、重结果轻过程等问题。

为落实好教育部要求，着力解决好课程考核中存在的突出问题；为积极适应新时代国家课程改革新要求，更好地发挥以考促教、以考促学的"指挥棒"作用，2020—2021年陆军工程大学石家庄校区积极推进课程考核改革试点建设。立足岗位任职需求，聚焦有效检验和促进教学目标达成，突出能力导向，提升课程考核的"三性一度"（科学性、挑战性、多样性，可信度），强化考核分析和结果运用；围绕考核标准、考核内容、考核方式、考核评价4个方面确立课程考核改革目标，研究建立新的课程考核管理办法，健全能力考核与知识考核并重的多元化课程考核评价体系，取得了预期效果，有效促进了教师优化课程教学设计，提升了学员学习积极性和主动性。

为及时吸纳课程考核改革成果，建立课程考核改革滚动推进机制，形成课程考核改革辐射推广效应，我们将课程考核改革试点建设成果整理成书，本书分为14节，主要介绍了基础理论类、实验类、装备类、指挥类等课程的考核改革设计与实践，内容凸显了能力导向和创新思维，以及多维、多元、全要素、全过程课程考核评价体系构建方法，希望能为高校课程考核提供参考借鉴。

由于作者水平有限，本书一些观点难免存在不足，敬请批评指正。

编　者

2022 年 2 月

目 录 CONTENTS

强化创新思维与实践能力培塑的装备原理类课程考核改革研究

杨玉良　杜中华　秦俊奇

陆军工程大学石家庄校区

摘　要："装备原理"课程概念性强，理论性强，难点多，符号多，公式多，方程复杂。前期课程考核评价手段相对单一，考核内容侧重点失之偏颇，实践操作考核条件相对缺乏，形成性考核成绩占比相对较少。鉴于此，针对"装备原理"课程开展考核改革，更加注重过程性考核，丰富课程考核方式、拓展课程考核内容，增大形成性考核成绩占比。通过课程考核方式改革，加深学员掌握知识的牢固程度，增强综合素质和能力培养，以考促学，以考促教，进一步提升教学质量。

关键词："装备原理"课程；考核改革

课程考核作为教学当中的重要环节，起着重要的监控作用，不仅关注学员对知识的掌握程度，更重要的是，学员的实践能力、创新能力和应用能力是否得到提高[1-2]。良好的课程考核方式是把"尺子"，可以使教员借以检验教学效果，使学校借以评判教学质量；同时是条"鞭子"，既可以鞭策学员完成学习任务，又可以鞭策教员不断提高教学质量[3]。

"装备原理"课程涉及弹塑性力学、流体力学、气体动力学、分析力学等相关知识，概念性强，理论性强，难点很多。突出的特点是符号多、公式多、方程复杂，对学员数学和力学方面的知识储备要求很高[4]。前期"装备原理"课程考核存在着"重理论、轻实践""重知识、轻能力""重结果、轻过程"以及"考前突击、考完易忘"的问题。通过开展课程考核方式改革，纠正前期考核方式存在的问题，考核内容多样化，增强学员学习兴趣，激发创新性思维，增强学员综合能力培养，进而提升课程教学质量，更加适应装备建设和发展的需要。

一、课程考核现状分析

前期课程考核采用形成性考核与终结性考试相结合的方式进行，其中形成性考核成绩占 30%，终结性考试成绩占 70%。形成性考核成绩主要根据课堂表现和作业进行评价。终结性考试采取闭卷形式。前期课程考核方式存在以下问题。

（一）考核评价手段相对单一

形成性考核成绩主要结合课堂表现、作业情况，考核形式较为单一，过程性评价体现不全面；过程性考核评分点较为笼统，从实施情况看，教员很难对每名学员进行客观打分，主观性较强。

（二）考核内容侧重点失之偏颇

作为"装备原理"课，存在着"重知识、轻能力，重记忆、轻创新，重理论、轻实践"的现象。考核内容多以"教材、课堂"为中心，缺乏对教学大纲和知识体系的全面考虑；同时该考核方式也缺少对实践能力、创新能力的考核，束缚了学员创造性思维的培养。

（三）实践操作考核条件相对缺乏

课程概念性强，理论性强，难点很多，突出的特点是符号多、公式多、方程复杂，需要开展相应的实践操作去促进学员理解；但目前实践操作条件较为缺乏，无法考核学员的实践能力。

（四）形成性考核成绩占比相对较少

形成性考核成绩占比仅为 30%，不利于充分调动学员平时学习热情和积极性，一定程度存在学员不注重平时积累、考前突击应考的现象，造成知识掌握不牢固、考后就忘。

二、课程考核改革思路

课程考核应围绕"知识、技能、素质"建立课程考核新标准，在教学过程中，坚持以学员为主体，体现对学员能力的综合培养。课程考核与教学实现有机统一，把考核与教学融为一体，并作为一个完整的教学过程来落实，实现"学"中"考"，"考"中"学"，有效避免学员学习的前松后紧和期末"一考定成败"的局面[5]。因此课程考核要实现教学全过程考核，科学选择内容考核，形成多元化的考核方式。

（一）课程考核改革思路

1. 创新考核方式，构建多元考评体系

针对课程性质和特点，灵活设置考核形式，多元评价学员成绩，可包含课程论文、实践操作等。

2. 精选考试内容，优化题目

考试内容避免过分依附教材、题型僵化，适当增加主观性、综合性、实践性的考核内容，减少客观性、记忆性的考核内容，激励学员大胆创新。

3. 优化评分标准，引导独立思考

在考核成绩评定时，应对学员具有创新的、探讨性的观点予以充分肯定，将独立思考和创新因素作为重要评分标准。

4. 强化形成性评价，弱化终结性评价

通过调整成绩的比例分配，加大平时成绩在课程考核中的比重，更加有效发挥平时考试的督促功能和期末考试的检测功能[6]。形成性评价思想最早由Scriven.M 提出，后被引入引用到教学过程中的反馈。过程化考核以形成性评价思想为理论指导，是指在教学过程中，不单纯以"一考式"来检验学员的学习效果，强调对学员学习过程进行多方面、多形式、分阶段的考核[7-8]。过程化考核方式，以考促学、以考促教，目的是"立足过程、促进发展"。过程化考核应贯穿于整个教学过程中，能有效改善学员考前临时抱佛脚的现象[9-10]。

（二）课程考核改革方式

根据装备课程内容特点，课程考核仍然由形成性考核和终结性考核方式组成，增大形成性考核方式占比为 50%。形成性考核模块细分为 5 项，包含课堂表现（6%）、作业笔记（6%）、模块测验（8%）、综合实践（15%）、课程论文及答辩（15%），如图 1 所示。

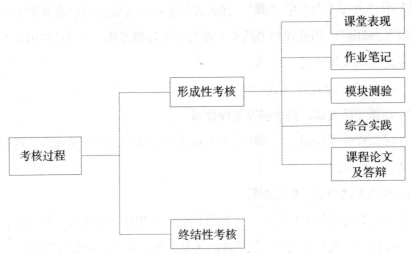

图 1　过程化考核改革措施

1. 课堂表现

课堂表现主要根据学员每节课的课堂出勤、上课听讲及回答问题的情况。课堂出勤根据课前统计人数；上课听讲根据学员课上对教员授课的呼应情况，以及上课是否有打盹、走神等情况；回答问题则根据学员提问时的表现。

2. 作业笔记

学员定期提交课上作业及个人笔记，通过检查课上笔记，批阅课后作业，判断学员课程听课及知识点掌握程度。

3. 模块测验

根据课程内容体系，通常分为几个大模块。每个模块内容学习结束后，分阶段开展测验及评定成绩。设定模块测验可以较好地掌握学员阶段性学习情况，便于实施开展教学内容辅导。

4. 综合实践

针对当前课程实践考核条件较为缺乏的问题，拓展实践考核方式，丰富实践考核内容，在装备操作实践的基础上，增设编程实践和仿真实践模块。针对课程理论内容，应用编程软件 MATLAB、仿真软件 ABAQUS、ADAMS，开展虚拟仿真，使得理论分析过程更加可视化、形象化，便于深入理解。根据学员开展综合实践的完成情况及报告撰写情况，评定成绩。综合实践可包含个人实践及小组实践。针对小组实践情况，添加组内自评环节，同时实践报告设置创新思考模块，侧重体现个人见解分析及创新思考。

5. 课程论文及答辩

学员围绕典型装备新技术发展、装备运用实践，紧扣课程相关内容，查阅相关资料，撰写课程论文。根据课程论文撰写及答辩情况评定成绩。针对每个考核项目，均制定详细的评分标准，课程论文及答辩评分标准如表1所示。

表1 课程论文及答辩评分标准（百分制）

项目		标准
课程论文	选题意义（10）	选题与课程相关，对课程建设及知识获取具有较大实用性
	综述归纳（15）	能够较综合、全面反映该选题相关领域的发展和最新成果
	内容创新（15）	能够探索提出关于该选题的新见解想法，有一定的独创性
	论文结构（10）	结构框架合理，层次分明，逻辑性强
	文字表达（10）	文字表达准确，图表规范，细致认真
课程答辩	论文汇报（15）	表述清楚，简练通顺，思路清晰，逻辑严谨
	问题答辩（15）	回答问题准确，体现出一定的分析问题和解决问题的能力
	PPT制作（10）	汇报PPT制作细致，字体清晰，背景明亮，图字配合得体

三、考核成绩分析

（一）形成性考核成绩分析

采用百分制，统计得出全班26名学员的形成性成绩情况，如表2所示。

表 2　形成性考核成绩分布表

成绩分布	优秀 90～100分	良好 80～89分	中等 70～79分	及格 60～69分	不及格 0～59分	缺考
人数	21人	5人	0人	0人	0人	0人
百分比	80.8%	19.2%	0.0%	0.0%	0.0%	0.0%

形成性考核成绩占比提高后，学员上课积极性大幅度提高，总体表现较好，没有出现无故旷课、不交作业等现象，形成性考核成绩较集中于85～92之间，体现出考核改革对学员平时学习起到了较好的促进作用。

（二）终结性考核成绩分析

课程授课结束后，从试题库中随机抽取1套试题作为本次考试试卷。考试试卷包含五种题型：选择题（10分）、填空题（15分）、判断题（10分）、简答题（45分）、综合题（20分）。试题内容覆盖了课程的核心内容，简答题和综合题分值较高。终结性考核成绩分布如表3所示。

表 3　终结性考核成绩分布表

成绩分布	优秀 90～100分	良好 80～89分	中等 70～79分	及格 60～69分	不及格 0～59分	缺考
人数	0人	15人	9人	2人	0人	0人
百分比	0	57.7%	34.6%	7.7%	0	0

学员最高成绩仅为87分，最低成绩为66分，总体来看，试题难度中等偏上，难度分析为0.8（用0～1来衡量）。试卷成绩具有较大的区分度，可以较好地区分出各位学员平时对知识的掌握程度。

（三）总评成绩分析

结合形成性和终结性考核成绩，总评成绩统计如表4所示。

表 4　总评成绩分布表

成绩分布	优秀 90～100分	良好 80～89分	中等 70～79分	及格 60～69分	不及格 0～59分	缺考
人数	3人	21人	2人	0人	0人	0人
百分比	11.5%	80.8%	7.7%	0	0	0

从考试成绩来看，成绩基本符合正态分布，主要集中在良好水平；学员成绩跨度相对较大，具有较高的区分度，可以较好地区分出各位学员平时对知识

的掌握程度。从平均成绩看，大部分学员掌握了本课程的基本概念、理论和方法，基本具备了运用所学知识分析和解决装备实际问题的技能。

四、课程考核改革成效

（一）改革成效

针对本次课程考核改革成效，对全班 26 名学员进行了问卷调查，并进行了统计分析，统计结果如表 5 所示。

表 5　问卷调查统计表

序号	内容	A	B	C	D
1	你是否熟悉本课程考核改革理念及方式？	熟悉 21	基本熟悉 5	不熟悉 0	
2	你认为平时考核成绩占总评成绩的比例多少比较合理？	5 30%	3 40%	17 50%	1 60%
3	课程考核方式在实施过程中是否公平公正？	公正 24	基本公正 2	不公正 0	
4	课程考核方式是否增加学员压力？	严重增加 2	稍微增加 11	不增加 13	
5	课程考核方式是否影响到学员的课余休闲？	严重影响 1	稍微影响 10	不影响 15	
6	课程考核方式对于学员全面掌握知识的效果评价	非常明显 23	稍微明显 3	不明显 0	
7	课程考核方式对于提高学员平时学习积极性、主动性的效果评价	非常明显 20	稍微明显 6	不明显 0	
8	课程考核方式对于缓解学员期末考试压力的效果评价	非常明显 15	稍微明显 11	不明显 0	
9	课程考核方式对于提高学员综合素质和能力的效果评价	非常明显 21	稍微明显 5	不明显 0	
10	你对本课程考核方式的适合程度评价	适合 19	基本适合 7	不适合 0	

结合问卷调查情况及课程考核成绩情况，课程组进行了深入研讨，分析考核改革取得了如下成效。

1. 调动了学员自主学习的积极性，加深了知识掌握牢固程度

课堂表现督促学员按时出勤，积极回答问题，提升了课堂氛围；课堂笔记督促学员认真听讲、整理授课内容，提升了课后复习效果；模块测验督促学员注重平时学习积累与日常复习；综合实践引入了新软件、新方法，与理论内容及装备运用结合性强，增强了学员学习兴趣；课程论文可结合感兴趣的装备技术发展及装备运用等，自拟题目，增强学员自主学习的积极性。学员平时学习积极主动，有助于学员全面掌握知识，理解更牢固，不易出现考后就忘的现象。

2. 锻炼了学员创新思维能力和知识运用能力，增强了综合素质和能力培养

学员在编程实践和仿真实践过程中，学习了 MATLAB 软件和有限元 ABAQUS 仿真软件的操作方法，掌握了一种新的理论分析方法，为以后应用解决装备实际问题起到拓展作用。在课程答辩过程中，学员们结合"液体发射药技术""身管无损检测方法""武器系统技术发展"等题目，进行了逐次汇报，表述内容翔实具体，回答问题思路清晰、逻辑严谨，体现出学员前期精心筹划、充分准备，取得了良好的答辩效果。在这个过程中，学员不仅丰富了装备相关技术专业知识，掌握了搜集整理文献的方法，同时也锻炼了思维表达能力、临场应变能力以及运用所学知识解决实际问题的能力。通过多样化课程考核方式，增加了学员实践操作；同时针对理论课程引入了论文答辩的形式，增强了学员综合素质和能力培养。

3. 减轻了学员课程考试复习的压力，缓解了考前突击的现象

课程考核更加注重过程性考核，贯穿于整个教学过程中，可有效改善学员考前临时抱佛脚的现象，对学员的日常学习起到了很好的督促与激励作用，使学员更加注重平时的学习积累，不停地"温故而知新"，加强了对课程知识的融会贯通。因此，减轻了学员课终考试复习的压力，缓解了"考前突击、考完易忘"的问题，同时也引导学员树立正确的学风、考风，更好地以考促学，以考促教，提升教学质量。

（二）经验成果

1. 创新了基于单机和局域网的信息化课程考核手段

发挥信息化教学优势，充分利用局域网进行考核改革。授课地点在电子教室，配套教学设施齐全，包含触摸显示屏、主控台、投影系统、计算机终端等，为课程考核改革提供了环境支撑。在案例与仿真实践、课堂小测验等过程中，依托辅助教学系统等，可将学员的操作过程实时显示在屏幕上，实时实现教学信息统计功能，准确跟踪学员学习质量及实践进度，课堂交互程度极大增强，提高教学工作效率，同时也可提高学员计算机应用水平。

2. 构建了注重实践运用和综合能力培养的课程考核方式

拓展丰富综合实践内容，包含操作实践、编程实践及仿真实践。综合实践内容紧贴部队装备工程问题，如产生压坑后的身管强度是否满足要求，复进机液量如何检查与判断等，将教学理论与装备实践相结合，启发学员运用所学知识解决实际问题。引入课程论文及答辩考核环节，学员分工协作，查找文献、撰写论文、制作汇报片、准备答辩相关问题等，锻炼了学员分工协作能力、创新思维能力及应变表达能力。

3. 形成了综合性、多样性、过程性的多元课程考核体系

更加注重强化过程化考核，提高形成性考核占比，由 30% 调整为 50%。考核内容包含课堂表现、作业笔记、模块测验、综合实践、课程论文及答辩、课程考试等，考核知识覆盖面更加广泛、多样化，考核过程贯穿于课程学习的整个阶段。针对各项考核内容，制定了详细且操作性强的评分细则，设置了合理的评分权重，使评价结果更加科学合理，进而形成了综合性、多样性、过程性的课程考核体系。课程考核目标与人才培养目标也更加适应。

五、考核改革思考

总体来说，课程考核改革增强了学员自主学习的热情和积极性，锻炼了学员创新思维能力和知识运用能力，达到了预期目的，但同时也存在一些不足。

（一）矛盾问题

1. 部分考核内容占用学员时间较长

课程学习中引入编程仿真、模块测验、课程答辩等考核内容。编程仿真分别基于 MATLAB 软件和 ABAQUS 软件，这两个软件之前学员没有接触过，仅

利用课上时间来学习，学习效果难以保证，占用了学员 2 次下午自习时间。同样，课程答辩和模块测验也占用了学员 2 次自习时间，给学员带来了一定的压力负担。

2. 部分考核方式的公平公正性有待提高

在综合实践及课程答辩中，由于受考核时间、考核条件和实践场地的限制，设置了分组协作，共同完成相关内容，存在着部分学员参与较多、部分学员参与较少的情况，学员贡献度区分较难，小组成员相同分数不合理，引入组内自评也会存在着一定的主观性；同时在课程作业、试验报告等内容，也存在着部分学员借鉴甚至抄袭其他学员的情况，导致部分考核方式的公平公正性受到一定影响。

（二）改进建议

1. 适当设置课程教学辅导课

适当设置部分课程教学辅导课，便于部分课程考核方式的开展，而不过多占用其他课下时间。同时，优化课程授课内容，课上更加突出重点内容。

2. 注重设置开放性和创新性题目

设置个性化、开放性题目，注重考核创新性思维。如模块测验在突出知识点的情况下，根据装备实例、热点问题等，设置发散性题目；综合实践报告增设个人见解及思考，强调个人针对实践操作及编程仿真的体会思考等。

3. 提升组内成员考核随机性

课程论文及答辩考核，个人汇报环节采用组内现场抽测的方式，提高组员协作参与课程论文的积极性。同时，评分不仅限于教员评分，也可引入台下学员共同评分，提高考核方式的公平公正性。

4. 丰富操作考核科目

问卷调查中，学员部分反映装备实践操作仍偏少，下一步结合实验室条件建设，购置改进教学实验条件，拓展装备操作考核方式。

六、结语

根据"装备原理"课程特点开展考核改革，创新了基于单机和局域网的信息化课程考核手段，构建了注重实践运用和能力培养的课程考核方式，形成了综合性、多样性、过程性的课程考核体系，便于多个维度综合评判学员学训情况。通过开展课程考核改革，调动了学员自主学习的积极性，加深了知识掌握牢固程度；锻炼了学员创新思维能力和知识运用能力，增强了综合素质和能力培养；减轻了学员课程考试复习的压力，缓解了考前突击的现象，进而显著提升了课程教学质量。

参考文献

[1] 邱红,范秋霞.地方本科院校课程考核改革影响因素研究——基于五邑大学的调查数据[J].中国市场,2015(27):111-114.

[2] 葛冰,刘志明,毛靓.高校考试方式改革探索[J].教育探索,2014(8):15-16.

[3] 胡善风,汪茜,程静静.地方应用型本科院校的课程考核改革探索与实践——以德国应用技术大学为例[J].国家教育行政学院学报,2016(1):88-91.

[4] 杜中华,赵建新.《火炮与自动武器原理》算例教学法实践[J].科技视界,2019(2):124-126.

[5] 胡善风,汪茜,程静静.地方应用型本科院校的课程考核改革探索与实践——以德国应用技术大学为例[J].国家教育行政学院学报,2016(1):88-91.

[6] 何东.关于课程考核改革中教师主导作用的思考[J].大众文艺,2020(3):237-238.

[7] 李晓华."两课"教学过程化考核模式探索[J].宁波教育学院学报,2011(3):1-4.

[8] 梁娟,伍贤进.普通生态学课程考核改革探讨[J].大学教育,2015(10):123-124.

[9] 许凯.高校课程过程化考核的改革与实践——以苏州大学为例[J].科教文汇(中旬刊),2016(7):144-145.

[10] 李清华.形成性评估理论框架的构建[J].教育测量与评价:理论版,2014(4):4-9.

多维度多元化全过程考核改革研究与实践

李超旺　吕　静　文　健　杨岩峰

陆军工程大学石家庄校区

一、基本情况

"弹药学"课程具有 40 余年的开课历史，是生长军官高等教育弹药技术专业的核心专业背景必修课程。该课程是学员首次接触完整弹药装备、系统学习弹药构造作用理论的课程，既是工程制图、理论力学、材料力学、火炸药学等先修课程知识的综合运用，又是弹药储供保障、作战运用、试验鉴定等相关任职培训课程学习的基础，是专业课程体系中的关键一环，对学员岗位能力形成和专业情感素养形成具有基础性、全局性作用。

结合课程地位作用，紧跟新时代指引，确立"弹药学"课程教学目标如下：学员能够熟知弹药的组成、分类、发射和作用原理，论述各类弹药的性能特点和勤务使用一般要求，筑牢弹药储供保障、试验鉴定的装备基础，具备通过标志识别弹药、通过资料读懂弹药和指导弹药技术使用的能力，能够尝试开展弹药质量问题分析和事故处理，初步养成严、慎、细、实的工作作风，增强专业自豪感、兴装使命感和科学管装用装的责任感，感悟弹药装备蕴含的独特人文精神，为保证弹药安全助力、高效赋能。

随着时代发展和技术更新，"弹药学"课程教学面临着新形势，主要体现在三个方面。

（一）新时代对人才培养提出了新的更高要求

新时代突出强调了立德、为战和专业化。立德为首，突出了教育的育人作用。为战突出了理论要为实践服务。专业化强调了专业能力应达到的水平，突出了能力要求。

（二）新体制扩充了课程教学内容的范围

以前课程教学的内容侧重在通用弹药，涉及部分防暴弹药，基本不涉及工程弹药、防化弹药，但体制调整后，上述弹药的使用力量已划分到新的体制范围之内。

（三）新的信息教育技术为实施教学提供了新途径

以往信息技术在教学中的应用主要是多媒体教学，利用 PPT、动画、仿真、虚拟现实、视频等开展教学，立足点在线下课堂。现在，信息技术在教学中的应用又往前迈进了一步，云教学即线上教学发展迅猛，在教学中的应用日趋广泛，线上教学方式和优质资源正在发挥越来越大的作用。

人才培养要求、课程教学内容和教学手段都在动态调整，为培养出适应未来的高素质专业化人才，在坚持岗位需求为主、突出能力培养的前提下，课程组基于人才培养方案、教学大纲、课程教学计划，为全面科学系统的评价学员的综合素质，突出应用能力、实践能力和创新能力，将过程性考核、中期考核、综合性考核等理念融入课程考核过程中，建立了教学与考核双向反馈机制，更好的发挥以考促教、以教促学的作用。

课程考核改革中坚持三个转变：考核内容向综合能力转变，考核方式向灵活多样转变，成绩评定向综合评价转变，推行多种方式，多种类别，多个阶段的考核制度改革，强调学员课外自主学习的能力，增加课堂表现、课后作业等占绩比例。严格制定考核内容、考核标准、实施计划，评分标准，严格考核过程控制，确保成绩评定公平公正。

二、考核分析

为培养专业素质优异、专业基础扎实、专业能力过硬的新型高素质弹药人才，"弹药学"课程考核改革紧跟课程改造步伐，紧贴实际，针对教学内容未能及时适应形势发展、学员主动学习积极性不高、学员毕业后任职能力不足等突出问题，在考核内容、考核形式和考核标准等方面进行了探索，为有效提升学员能力素质打下了良好基础。

（一）考核内容改革分析

考核内容总体改革思路：基于教学大纲和课程教学计划要求，在原有考核知识点基础上，将新增的弹药装备、弹药问题、发生的弹药质量问题、出现的弹药事故和参与的重大弹药活动等相关内容纳入考核范围，坚持基础知识理解记忆，进一步拓展、更新、优化考核内容。

考核内容重点聚焦于提升学员弹药管理使用能力，基于优质在线课程课后问答情况，增设常见常用知识判断识别考核，强化基本知识和技能的掌握；结合典型案例处理过程，构建典型装备、典型事件应用考核，检验知识技能应用能力；聚焦新时代发展演变对于弹药装备提出的新要求，设计案例场景和开放性问答题，提升学员解决复杂问题的能力；形成性考核内容包括闭卷考试、阶段测试、能力展示、作业完成和课堂表现等方面，通过分组讨论、互判试卷和口试答辩等环节让学员参与到考核中来，充分调动学员课上课后学习的积极性，加强基本知识和技能的掌握；终结性考核内容涵盖所有典型装备，考试题型包含填空题（23分）、判断题（7分）、标志识别题（10分）、问答题（40分）和分析题（20分），参考答案字数约为2000～2400字，既有识别记忆内容，又有逻辑推理判断内容，还有思考创新内容，题量和难度都比较适中，课上认真听讲且课后深入思考后，能够取得不错的成绩，如果仅仅靠自学想取得较好的成绩将具有较大的挑战。

（二）考核方式改革分析

根据课程教学计划，本课程采用形成性考核和终结性考试相结合的考核制度；总成绩采取形成性考核成绩占30%、终结性考试成绩占70%的分布方式；终结性考核不及格的，课程总成绩为不及格。

为满足考核目标和考核内容要求，创新性提出了形成性考核采用基础理论考核（15%）、专业基础考核（10%）、弹药知识综合运用能力考核（65%）和课堂参与度、随堂作业考核（10%）四个模块的考核模式，考核手段既有传统的笔试又有口试答辩，还有综合能力展示，手段灵活、方法多样，多维度考查学员理解知识、掌握知识和运用知识的能力，不同模块分值分布如图1所示。

- ■ 终结性考核（70%）
- ■ 基础理论考核（4.5%）
- ■ 专业基础考核（3%）
- ■ 弹药知识综合运用能力考核（19.5%）
- ■ 课堂参与度、随堂作业考核（3%）

图1　各模块分数所占比重分布图

从图1中可以看出，不同模块分值差距较大，其中基础理论考核占4.5%，专业基础考核占3%，弹药知识综合运用能力考核占19.5%，既考查基础知识理解情况又检验基本技能掌握情况，重点在于提升弹药知识运用能力。

考核过程贯穿整个教学过程，及时通过信息反馈情况掌握学员学习状态和学习效果，适时优化授课侧重点和教学手段，达到"以考促教、以考促学"的目的，确实提高学员掌握知识的能力；终结性考试首次采用试卷库随机抽取试卷进行组卷考试，与同期授课的其他班次共用一套试卷，统一组织，统一标准，统一判卷，本次抽取的试卷为10套试卷中的第6套，按照盲评和机评综合计分，得到终结性得分。

（三）考试综合成绩分析

总成绩由形成性成绩和终结性成绩组成，形成性成绩、终结性成绩和总成绩的分布如图2至图4所示。

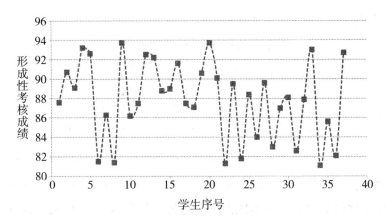

图 2　形成性考核成绩分布图

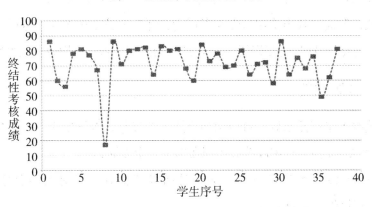

图 3　终结性考核成绩分布图

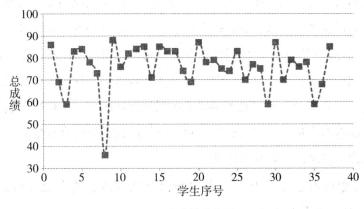

图 4　总成绩分布图

本课程考核最终成绩统计见表1。

表 1 课程最终分数等级统计表

年级	考生人数	优秀人数	优秀率	良好人数	良好率	及格人数	及格率	不及格人数	不及格率
2018 级	37	0	0	30	81.09%	3	8.1%	4	10.81%

从图 2 至图 4 中和表 1 中可以看出，形成性考核成绩和终结性考核成绩基本呈正向对比，终结性考核成绩好的学员形成性考核一般较好，这与课堂表现、口试答辩等过程所反映的情况基本一致。学员考试成绩基本呈正态分布，学员成绩大多数集中在良好范围内，成绩最高分为 88 分，最低分为 36 分，良好率为 81.09%，说明绝大多数学员能够掌握课堂内容和关键知识点，但也有不及格现象，侧面反映出采用试卷库考试后，课程考核范围扩大、考试挑战度适度增加，需要学员课上和课下投入足够的精力进行学习，否则难以取得好成绩。

三、改革成效

考核改革坚持抓基础、重应用和提能力的思路，考核形式、内容和重难点更加贴近实际需要，具体成效展体现在以下几个方面：

（一）考核形式多样并举、考核时间贯穿全程，实时反馈教学效果，动态调整教学手段和方法

考核形式综合采用了闭卷考试、能力展示、作业完成和课堂表现等信息，既有传统的试卷考试方式，也有弹药知识综合运用这种新形式，对于学员的考试要求不仅体现在课堂上，同时反映在课后巩固阶段，多维度、多渠道和多样式考核知识点掌握程度，反映出学员学习实际效果。此外，考核时间点贯穿于基础理论、专业基础和典型装备讲解等不同的授课阶段，使得教员能够及时、准确和全面掌握学员学习掌握程度，利于教员根据教学内容和学员学习特点变更教学方式和方法，达到教学效果。

（二）考核内容点多面广、考核知识系统深入，更加贴合部队需求，为第一任职打下坚实基础

弹药型号多、种类广、结构多变，为做好弹药勤务和使用工作，需要掌握

多个方面的知识点，课题组基于"弹药概论"在线课程课后问答情况，结合服务和典型案例处理过程，聚焦现代发展演变对于弹药装备提出的新要求，梳理弹药知识内容体系，按照试题库建设要求，全力打造并首次启用了试题库，内容涵盖了典型弹种的基础理论、作用原理和使用运用，解决实际所需，为学员第一任职打下坚实基础。

（三）考核要点集中统一、考核重点聚焦发展，注重解决问题能力，提升适应未来需要

弹药装备根据任务和需求配备，不同学员任职后接触的弹药装备有共同点但是又不完全相同，此外，弹药装备随着科学技术的发展和需要在不断发展演变、更新换代，为更好地让学员适应未来需要，考核要点和重点倾向于课堂所学知识的综合运用，提升学员分析弹药装备的能力，达到精一型、通一类和会拓展的教学目标要求，更好地适应于未来需要。

（四）考核过程公平公正、考核判卷统一标准，真实反映学员能力，调动学员学习积极性

形成性考核有笔试测试、口试答辩和课堂表现等环节，笔试测试环节要求学员课堂参与判卷，口试答辩环节学员既是运动员还承担裁判员的角色，课堂表现环节大家有目共睹，通过口头奖励、计分奖励和优秀作业展示等步骤调动学员积极性，提升学员的自豪感和成就感。考试试卷提供参考答案和评定标准，所有班次试卷混在一起进行盲评，对于论述题、简答题等部分鼓励创新，同一题由同一名教员进行判卷，把握同一个尺度，保证既检验学员能力水平又客观公正，通过这种考核方式反映出学员的差异化学习水平和能力，能够充分调动学员积极性。

四、经验成果

本课程是弹药工程与爆炸技术（弹药技术）专业学员的一门专业基础课程，通过考核改革分析及学员学习情况来看，考核改革基本成功，达到了提升能力的目的，具体经验体现在以下三个方面。

（一）激发兴趣，开发符合学员特点的考核形式

形成性考核通过课堂测试、口试答辩、能力展示和课堂表现等方式，让学员主动学习、快乐学习，多渠道多种方式展示个人能力水平。能力展示环节既锻炼了学员的知识综合运用能力还提升了学员的表达能力，同时对于团队协作能力也有一定的影响。通过设置不同的考核方式，激发了学员参与的积极性和学习的热情。

（二）培育能力，全面落实以提高学员能力为中心的改革理念

本课程考核改革的出发点和落脚点是聚焦提升学员的能力，培育学员掌握知识的能力、运用知识的能力、团结协作的能力、表达能力等。通过考核方式的变换、考核内容的优化和评价方式的变化等多种途径，引导学员参与教学、翻转教学和自身评价，这些设计充分体现了以培养学员能力为中心的理念，全面提升了学员的综合素质，探索出对学员能力培养的有效措施和成功经验。

（三）客观公正，设置考核评价标准的唯一性和科学性

本课程在考核实施前制订了详细的考核计划和评分标准，对于基础知识的考核，侧重于答案的唯一性，对于简答题、论述题重点关注答案的科学性，对于口试答辩和能力展示等形成性考核方式，更加注重创新性、创造性，通过评价标准的不变和变换，综合反映学员能力水平和素质，确实达到"以考促学、以考促教"的目的。

五、矛盾问题及改进建议

（1）课程教学条件建设还需加强，如工化、弹药教学模型偏少，部分新型弹药配套的动画、视频等多媒体教学资源不足，建议多渠道充实完善。

（2）学员自主学习时间严重不足，同期安排课程门数多，联考备考等活动冲击大，难以保证课后复习时间，一定程度上影响了课程教学效果。建议综合考虑，优化学期课程和相关大项考核活动安排。

高校课程考核体系的优化与实践

周海俊　杨锁昌　何　鹏

陆军工程大学石家庄校区

摘　要：教学改革不仅要有知识更新，也要建立科学的课程考核体系，以利于对学员客观评价和教学质量提高。结合"制导技术"课程的教学改革实践体会，从确立考核目标、建立考评体系、设计考核内容等方面进行了考核改革的设计和实践。分析了考核改革的原因、过程和成效。提出了"注重过程考核、增大学习压力、检验学习效果、全面提升能力"的课程考核改革总体目标，设计了"全过程督导、分阶段考核、全程用力"的考核方式。为进一步深化教学改革和提高教学质量做了有益探索。

关键字：课程考核改革；总体目标；考核方式

一、基本情况

考核是教学工作中检查教学效果、巩固学员知识、改进教学工作、保证教学质量和督促教育目标实现的重要手段 [4,5]。因此，改革考核方式，使之更加科学合理，充分发挥考核的积极功能，不仅是提升教学质量、培养创新人才的基础，也是高校教学改革工作的重要内容之一。

"制导技术"课程是学员的一门必修专业背景课程，教学目标是掌握不同制导系统的原理、组成及关键技术，为后续装备课程学习打下良好基础，同时为开展导引头和制导控制等相关科研工作奠定基础。通过本课程的学习，学员能够掌握制导系统的基本组成、制导原理、关键技术，能够运用所学理论知识分析典型装备的具体结构、工作原理。同时可培养学员灵活运用所学专业知识综合分析、科学判断并有效解决装备技术保障实际工程问题的能力。课程内容对学员理解掌握各型装备具有很好的支撑、启发作用。

（一）教学大纲对考核的规定

采用形成性考核和终结性考核相结合的考核方式，考核成绩采用百分制计算。形成性考核成绩占总成绩30%，包括课堂提问、研讨、课内实践和作业完成情况等；终结性考核成绩占总成绩70%，采取闭卷考试的方式进行。

（二）课程教学计划对考核的规定

本门课程考核成绩采用百分制计算。从形成性考核和终结性考核两部分来综合评价学员的学习效果。形成性考核成绩根据平时表现、平时作业、回答问题、课堂讨论、阶段测验等进行评价。终结性考试采取闭卷形式，考试内容主要为基本理论、综合应用等，考核学员对课程内容的理解和掌握。最终成绩采取终结性考试成绩70%、形成性考核成绩30%的量化分布方式。终结性考核不及格的，课程总成绩为不及格。

二、考核方式分析

（一）传统的课程考核方式

传统考核以考核知识的累积、记忆为目标，静态考核，简单判断，具有模式僵化、目标狭隘、方式单一和命题陈旧等弊端，严重阻碍了高等教育改革和学员综合能力提高。传统考试方式忽略了学员在教学中的主体作用，考试目的功利化、题型标准化、评分精量化和形式单一化等，导致过分夸大分数的价值功能。

由于"一考定成绩"的传统考核方式，师生的注意力集中在分数结果上，忽略了学习过程中的思考、综合和积累，以及试卷分析、反馈等重要环节。所以，加强考核评定工作，改革考核制度、模式、内容和方法，使考核能够更加科学化、合理化，充分发挥考核的积极功能，是高校教学工作的重要内容之一[5]。

（二）目前课程考核方式存在的问题

第一，考核方法单一。考核以闭卷式的期末考试为主，强调记忆性学习。与陈英[1]和陈志亮等[2]的观点相契合，他们认为目前高等学校现行课程考核方式存在课程考核功能发挥不够充分、课程考核形式较为单一、课程考核目的过于功利化等问题，并应该逐步实施多元化多层次的考核方式、重新定义考核指标，丰富考核内容，重视考核全面性。目前的课程成绩分布中，平时成绩占30%，期末闭卷考试占70%，并且30%的平时成绩给分比较随意，多数是靠印象分，不能真正公平公正，也没有有效发挥出其功能。并且学员大都采取考前突击的学习办法应付考试。如果教学过程只以考试结果作为最终目的，就会忽略过程考核及学习的根本。

第二，考核内容陈旧，教学实践不足。传统的考核模式多采取闭卷考试形式，统一考核，统一答案，极易阻碍学员的个性化发展。学员的知识结构、兴趣爱好、个人特长不尽相同，教师在考核学员时更应注重因材施教，发挥学员的个性优势。在实践教学中应以学员为中心，引导学员自我管理、主动思考，培养学习主动性与创造性。教育应着力开发每个学员的差异性与独立性，满足现代社会对应用型人才的知识和能力需求。

第三，过分依赖教材，重知识轻能力。缺乏主观能动性和探索性学习意识，在学习习惯及学术能力方面尚有欠缺，导致教学效果打折。老师照本宣科，所教授的知识仅仅停留在书本上，很难与实际相结合，而学员也会觉得老师上课的内容单调无聊，课本所使用的案例老旧，难以提起主动学习的兴趣与求知欲。对教学进行探索和改革，以提高教学质量，培养学员的社会责任感、创新精神和实践能力，增强学员的传讯意识和创新创业能力。

（三）课程考核改革的必要性

全国高等学校本科教育工作会议中提出了"金课"，提出大学要有效"增负"，提升大学的学业挑战度，合理增加课程难度，拓展课程深度、扩大课程的可选择性，真正把"水课"变成有深度、有难度、有挑战性的金课。而考核方式是学员课程学习的一个重要方面，对于学员的知识学习、综合素质的培养具有重要影响，因此考核方式方法的改革也是教学改革的重要一环。

考核是教学活动的重要组成部分，考核制度改革在教学改革中处于关键和先导地位，科学而符合教育规律的考试制度有助于良好教风、学风的形成，有利于教学质量的稳步提升和学分制的顺利实施[8]。因此考核既要考查学员掌握知识的情况，更要考查学员运用知识解决实际问题的实践能力，让他们学会认知和创造。不仅要使学员掌握人类经过分类形成的系统化的知识，更重要的是利用掌握的知识认识世界、改造世界，创造新知识。通过适当的考核方式，引导和鼓励学员在掌握知识的基础上，充分发挥主观能动性，不拘泥于书本，不迷信权威，独立思考，大胆探索，敢于标新立异，以培养学员发现和解决问题的创新精神和创新能力[9]。

（四）课程考核改革的理论依据

1. 艾宾浩斯记忆理论

艾宾浩斯记忆理论指出记忆与时间呈现一定的指数关系，记忆的遗忘速度一般遵循着先快后慢的规律。实验表明，对于知识的识记刚刚达到记住的时刻便是遗忘最严重的时刻，而经常反复地复习是巩固知识的基本途径。因此，艾宾浩斯记忆法建议学员对所学知识和记忆效果及时进行复习和自测。在学员识记后，教师可组织学员及时复习，通过过程考核等形式，与学员就课程学习内容进行交流互动，给予学员指导反馈，更长久地帮助学员记忆，更有效地提高教学质量。

2. 布鲁姆目标教学法

布鲁姆目标教学法对学员的潜在智力深信不疑，强调教学应以激发学员的潜能为本，让学员积极主动地参与知识传授。具体体现在认知领域指示或抽象知识的辨认，其教育目标由低层级到高层级可依次分成：知道（记忆）、领会（理解）、应用、分析、评价[6]。此外，布鲁姆目标教学法还提倡课堂的教学不应仅仅局限在初级认知的问题，在适当的时机还应该提出更高级的认知问题以激发学员的思维和自我评价体系。布鲁姆目标教学法也对教师提出了新的挑战，教师在课堂中应开展多种形式的教学活动，充分发挥"以学员为主体"的教学精神，教会学员思维，使学员树立正确的学习观，获取正确有效的学习方法，以适应现代素质教育要求。

三、考核改革的设计思路

以"课堂—教材—教师"为中心的传统教育模式，以考试结果论优劣，以培养继承型人才为目标，进行应试和灌输式教育的方式显然与 21 世纪"知识爆炸"的时代所不容。在客观上造成了轻视创新能力的培养，忽略和压抑了学员的创新意识、创新精神和创新能力的形成，成为制约学员创新精神、创新能力培养的因素 [7]。

为适应时代发展，必须摆脱传统思维的束缚，发挥考试的总结性评价、目标导向性、提高教育教学质量和激励功能 [9]。建立合理的考核体系，提倡个性化发展，激励探索，走培养创新人才之路。

（一）确立考核目标

建立以检测能力、素质和创新因素为主体的考核内容，采用灵活多样的考核办法，突出多样性、针对性和生动性。将理论知识与能力、创新等因素结合综合考察，既可以有个性化的评价，也可以进行统一的评定。在教学中贯彻学习的目的不只是为了理解和掌握理论知识，更不是为了应付考试，而是要善于运用掌握的知识和理论进行各种创新活动，学以致用，将知识与实践结合起来的主导思想。将与课程有关的创新活动与成果纳入考核评价中，以此激励学员参与创新活动 [10]。所以，考核目标应该是以灵活多变的方式考查学员的各种能力，避免死记硬背，从"考知识"为主向"考能力"为主转变，以培养能适应未来社会竞争的人才 [3]。考核评价是对教学效果的最终确定，因此，这种确定的方式应该是公开、透明和多元化的 [3]，由此体现客观、公平和公正，避免出现印象分的随意现象。

（二）建立考评体系

考评体系是考核方式改革的前提，以"能力测试"为中心，根据课程的内容、特点以及教学目标来决定考核的方式、方法。考核方法的改革要着眼于科学全面地评价学员的综合素质和创新能力。为改变"一考定成绩"的状况，加强平时考核在总成绩中的权重，把过程性评价与终结性评价结合起来，将考核贯穿于课程教学的全过程。使单纯依靠期终突击、投机取巧的方式通过考试几乎不可能。采取"平时成绩＋阶段考试＋期末考试＋实验技能"相结合，平时成绩注重考查学员全学期的学习状况，包括课堂表现、回答交流积极性和准确率、出勤等；阶段考试成绩则根据不同模块的教学要求，运用讨论、答辩、小论文、单元测验等方式获取信息反馈。要在考察学员智力的同时，也考察学习态度等非智力因素，由此激发他们持久学习的主动性，积极完成各阶段的学习任务，以形成良好的学风[11]。

（三）设计考核内容

考评内容决定考核体系的合理性，应包括几个方面内容。①理论知识：选用课程知识体系中的核心部分进行检查考核；②实验技能：注重基本的设计原理、基本操作和实验结果的分析讨论；③综合素质：（a）知识获取，对综合性、全局的问题能够从文献和网络中寻求答案和解释，并引导学员用最新的研究成果对前人的结论进行客观分析；（b）实践运用，对实验中的现象解释和对理论的印证。

因此针对原有问题以及本门课程教学目标要求，根据不同教学内容特点，聚焦"注重过程考核、增大学习压力、检验学习效果、全面提升能力"的课程考核改革总体目标，设计了全过程督导、分阶段考核、全程用力的考核方式。原有的课堂表现、作业完成情况、出勤情况等作为一项平时成绩继续保留，新增"内容检测式（随堂、课后测）""专题答辩式（无线电制导技术）""实验探究式（光电制导技术）"进行形成性考核设计；坚持更新迭代试题库，减掉低质量、简单性、提示性试题，修正有争议试题，增加设计型、应用型试题，拓展分析型、综合型试题，系统优化终结性考核试题库，全面提升学员的分析和思辨能力、构建科学的课程考核与评价体系，实现对学员的知识掌握和能力养成进行综合评测。

（1）考核方式及总体安排：由"平时表现""内容检测式""专题答辩

式""实验探究式"4 个模块组成形成性考核。"内容检测式"是在每堂课和每章内容授课完成后进行;"专题答辩式"是在无线电制导理论授课完成后进行;"探究创新式"是在光电制导内容授课完成后进行。

（2）形成性考核占比 30%,由"平时表现""专题答辩""实验探究""内容检测"4 个模块组成。课堂表现、随堂测试、课后作业、阶段性考核占比分别为 5%、10%、10%、5%。终结性考核占 70%,由期末闭卷考试成绩决定。

四、考核改革实施过程

（一）平时表现

在整门课程进行中。针对学员课堂表现、作业完成情况、出勤情况等,由教员确定学员平时和作业成绩。

教员打分主要包括三个方面:一是课堂表现（2 分）,课堂上积极回答问题且要点准确;二是作业完成情况（2 分）,能够按时提交作业,认真高质量无抄袭;三是出勤情况（1 分）,根据是否缺课、请假等情况确定。

（二）内容检测式

在每堂课和每模块内容授课完成后,依据"制导技术"课程教学目标,每堂课后设置 10～20 道小测题,利用课堂最后 5 分钟完成。每名学员均需参与,测试成绩 90 分以上为优秀,80～90 分为良好,80 分以下为合格。课后作业每堂课都有,教员认真评阅,及时发现问题,对出错误率比较高的题,课堂上讨论答疑。最终成绩看优良率,优秀率达到 80% 以上得满分,60%～80% 得80 分,低于 60% 的得 60 分。教员公布考核情况进行讲评,并给出每名学员最终考核分值。

2021 年春季学期,8150 班次的所有学员均认真对待每一次课堂测试,都能做到当堂独立高效完成,小测题围绕授课内容设置,紧紧地牵引了学员的听课思路,给予了适度的课堂压力,杜绝了思维流浪、打瞌睡等不良现象,提高了课堂质量。课后作业以试卷形式,每堂课课后发放,有时作业量比较大,学员们都能按时优质完成,及时巩固了应知应会内容,做到了把功夫用在平时。

并且在设置小测和课后题时，主讲教员对题库中的题进行了再次审核修改优化，详细分析了每道题，减掉了低质量、简单性、提示性试题，新增了分析性、设计性、应用性试题，全面提升教学挑战度。

（三）专题答辩式

在无线电制导理论授课完成后，教员针对重点内容设计多个问题、引导学员多方向多角度自主探究、发散思维、激发学习热情。学员对制导测量技术、无线电制导系统、雷达系统、多体制雷达、雷达导引头等内容选择专题研究，并撰写材料、汇报答辩，分享交流，浓厚学习氛围。目的是及时总结回顾、激发学习兴趣、打开研究探索之门、培养分析总结交流的能力。重在考核学员学习能力、思考能力、分析总结解决问题的能力。

3～4人为一个小组，每个小组按照确定的专题题目（提前一周明确题目），利用一周课余时间完成论文；安排课堂教学实践时间，由各小组进行汇报答辩（随机抽取1人），教员、其他组组长、本组组长三部分进行打分，其中教员占60分、其他组组长占20分(按各组平均分计算)、本组组长占20分(组长根据本组成员完成情况给分)，教员根据论文和答辩情况进行讲评，并给出每名学员最终考核分值。

2021年春季学期，学员只有12人，考核时设置了11个题目，提前一周公布题目，进行准备，即每名学员需准备所有题目，5月25日晚采用软件随机抽取方式，每人一个题目交流答辩。考核方式公正，考核结果体现了学员平时的学习效果。学员人数多时（30人以上），则分组进行，需加大考核内容的深度和广度，以及组员之间的分工安排，对每个人进行量化打分。

（四）实验探究式

在光电制导技术理论授课后进行。利用实验室，针对可见光、激光、红外开展探测、调制、应用相关实验。在操作考核中检验学员对光电技术的运用、基本技能的掌握和完成具体实验项目的能力。内容包括：面阵CCD综合实验、四象限探测器定位、光学调制盘信息调制、红外热像与热辐射测量、光纤视频传输、光纤参数测量与应用、视觉定位与跟踪等9种实验。

实验时 3～4 人为一个小组，每个小组按照确定的实验科目，利用一周课余时间完成操作实验报告；安排 1 次课堂教学实践时间，由各小组汇报实验操作结果、演示操作过程，教员、其他组组长、本组组长三部分进行打分，其中教员占 60 分、其他组组长占 20 分（按各组平均分计算）、本组组长占 20 分（组长根据本组成员完成情况给分），教员根据操作情况进行讲评，并给出每名学员最终考核分值。

2021 年春季学期考核时，教员将 9 种实验讲义提前一周下发，每 2 人一组自由结对、自主选题，进行了 6 种实验，学员普遍表现出浓厚的兴趣。在直观生动的条件下，对实验现象与理论知识进行剖析，拓展并点明与相关知识的联系接口，不仅提高了对实验的兴趣和主动性，也为后续课程学习夯实了基础。在学习中潜移默化地使学员实现了"要我学"到"我要学"的转变。

五、考核改革成效

按照考核改革实施方案，考核更能体现以考促教、以考促学的"指挥棒"作用；考核结果可信度高，体现正态分布特点，形成性考核和终结性考核成绩所反映的学员学训效果基本一致。

（一）建立了较为完善的考核评价体系

（1）创新"专题答辩式（无线电制导技术）"形成性考核设计，提升学员围绕问题积极自主拓展、综述分析、探索研究的高阶能力。

（2）探索"实验探究式（光电制导技术）"形成性考核设计，利用光电制导实验仪器，将复杂原理过程直观呈现，实现了从"知识传授"向"能力培养"转变。

（3）建立"内容检测式（随堂、课后测）"形成性考核设计，抓住基础知识、基本技能掌握情况的考核，设置较为频繁的检测，调动学员学习积极性，改变"重结果轻过程"的考核模式。

（4）将"优化更新试题库"作为一项备课内容。及时减掉低质量、简单性、提示性试题，修正有争议试题，增加设计型、应用型试题，拓展分析型、综合型试题，系统优化终结性考核试题库，全面提升教学挑战度。

（二）促进了学风建设，拓展了知识口径，提高了教学质量

作为教学手段，考核对"教"与"学"具有评价作用，对"教"与"学"中的问题具有诊断作用，对人才培养具有导向作用，对学员学习的积极性具有激励等作用，因此，考核对教学质量的提高至关重要[8]。

采用"平时表现＋内容检测＋专题答辩＋实验探究＋期末考试"相结合的评分制后，经过"制导技术"课程的教学实践，取得了良好效果。经过课后沟通交流也发现了学员们对此方式的肯定，最终成绩评定既拉开了档次、符合正态分布，又体现了公正。

考核方式改革促进了学风建设，增强了公平竞争意识，形成了良好的考试氛围，调动了学习的自觉性和积极性。在开课之初，向学员公布课程学习的规范和方法，消除专业课程的考试可以蒙混过关的侥幸心理，使学员懂得只有端正学习态度，注重平时知识的积累，注重运用知识分析问题、解决问题能力的培养，才能顺利通过考核[2]。

在新考核方式的指导下，学员的主观能动性得到了发挥，对知识的掌握更加宽泛和牢固，分析问题和解决问题的能力有了相应提高。由此为专业课的学习奠定良好基础，同时也践行了重视分析综合和评价能力的培养目标，使课程教学在高起点的基础上，将厚基础、宽口径和复合型人才的培养理念有效落实和实施。

（三）实践了多维度考核的可行性和实用性

通过形成性、终结性考核的多维度分析，教员可以及时查找在教学设计、教学组织、学习指导、教学管理、教学保障等方面存在的问题，制定针对性改进措施，并在后期教学中有效落实。所以考核改革对教员提出了更高的要求，鞭策自身不断充实提高、改进革新，想方设法把各项工作做细做实，增加了工作宽度、深度和难度；这些对于学员来说是好事，他们可以得到更多的锻炼、接触更多信息、获得更多知识，培养更高能力。教与学形成了良性循环，同向同行，师生共同努力，形成合力，这才最大限度地发挥了教员育人的职能，最

终提高课程整体质量，为本门课程建设成精品课做铺垫，为其他课程考核改革起到了示范辐射作用。

（四）探索了实验课程体系的建立和实践课程的开设

以全面提高育人质量为目标，结合课程内容和实验室建设，为专业背景课实验体系的建立和本门课程实践课时的开设进行了探索和铺垫。"实验探究式"考核从资源条件、实验内容、实验方式、实验效果等方面对后续实践教学指明了方向。从以往专业基础课程教学效果看，从理论到理论的教学模式，不利于学员理解和掌握课程内容，也使得专业基础课程与装备课程脱节。为了更好地贴近实际，开展教学，实现专业背景课程与首次任职课程无缝衔接，需要进一步完善课程教学环境，丰富教学手段，为课程实验搭建必要的软件和硬件平台。目前实验室条件建设正在开展，当务之急是构建完善的专业实验教学体系、设计纵横发展的实验项目、探索多元化实验教学模式，在后续 2 至 3 届本科教学中检验效果，并优化修正，使实验教学成为本专业基础课的有力补充、打造金课的有力支撑。

六、目前改革的问题和思考

（一）本专业实验课程体系尚未建立

目前实验项目只针对光电制导部分开设，部分实验平台正在建设中，所以尚无系统的设计规划，实验项目的连续性、延伸性无法达到。针对"专业实验教学体系构建与实践"，申报了教学成果立项培育项目。后续要构建实验教学体系、设计实验项目，编写有针对性的实验指导，精心设计实验内容、编排实验项目，进行规范演示，在直观生动的条件下，对实验现象和理论知识进行剖析，拓展并点明与相关知识的联系接口。

（二）目前人才培养方案中"制导技术"课程无实践课时

2021 年春季学期，进行实验探究是利用课余和答疑时间。要真正利用好实验项目，需要增设实践学时，学员才有较为充足的时间研究拓展。目前针对这个问题，教员要熟悉实验内容，将重点内容引入课堂，由问题现象引入、用实验结果验证、用设计思路拓展，也可让学员预约开放实验室，自主探索提高。待实验体系完善，再论证增加实验学时。

（三）学员课程密集、训练任务重，课外拓展时间非常有限

完成课后作业、查阅拓展资料、准备专题答辩，部分学员感觉压力大，怎样协调学习训练和课外提高之间的关系，怎样在有限的时间内，更加高效、更好育人，需要教员研究设计并优化改进。

（四）任何改革的目的都是为了更好，怎么真正达到这个目的

为了学员的培养，为了教育质量的提高，需要用心不断思考、设计、优化、改进，愿我们不被外因束缚牵绊。我相信，只要潜心研究设计，大胆探索实践，不断总结提高，锐意改革创新，就一定能摸索出一套适合现代人才培养需求的课程考核方法。

参考文献

［１］ 陈英.民办高校课程考核方式现状研究[J].求知导刊,2015(14):33-34.

［２］ 陈志亮,关蓓蓓,韩瑜,等.高校专业课程考核方式现状及改革研究[J].西部素质教育,2017,3(21):182-183.

［３］ 梁波.基于应用能力导向的课程考核体系探索与实践——以安康学院为例[J].大学教育,2018(9):30-33.

［４］ 荀烨.从创新教育的角度谈高效考试改革[J].中国高教研究,2000(5):28-29.

［５］ 艾晓杰,魏先军,李伟.课程考核方式改革的实践与思考[J].中国科技论文在线,2010(5):32-35.

［６］ 孙淑霞,张建成,孟保士,等.布鲁姆目标教学法的灵活运用[J].卫生职业教育,2004(9):42-43.

［７］ 汪婷婷,李静,杨洁,等.艾宾浩斯记忆法在《预防医学》教学中的应用实践[J].当代教育实践与教学研究,2019(18):202-203+215.

［８］ 艾晓杰,魏先军,李伟,等.课程考核方式改革的实践与思考[J].中国科技论文在线,2010(2):36-40.

[9] 刘燕.大众化教育背景下高校课程考试改革的探索[J].辽宁教育研究 2006(1):70-72.

[10] 荀烨.从创新教育的角度谈高校考试改革[J].河南社会科学,2001,9(3):79-81.

[11] 刘继红.对高校考试改革的几点思考[J].中国高教研究,2000(5):28-29.

寓学于考、融考于学——探索能力导向的全过程课程考核方式

李娟 胡起伟 温亮

陆军工程大学石家庄校区

摘 要： 贯彻落实"立德树人、为战育人"根本要求，着眼提高装备保障人才培养质量，"装备维修工程"课程组精心谋划、科学组织，全面总结，完成了与教学目标精准对接的课程考核改革。基于OBE课程考核理念，结合"装备维修工程"课程特色，课程组系统设计全过程、多样化的形成性考核方式，以及突出能力导向的终结性考核方式，创新实践了"寓学于考、融考于学"的考核模式，取得了专业背景类课程考核改革的宝贵经验。

关键字： 课程考核；全过程；多样化

一、引入

目前，我国大学专业背景课程的考核改革已经取得了相当丰硕的成果，不仅对考核内容和考核形式进行了积极探索、实验，而且还致力于师资、课程、考核管理制度、考核硬件等配套措施的完善。尽管在课程考核改革方面还存在一些问题，例如考试方式比较简单，以纸笔测试为主，评价主体以教师为主等，但通过相关部门和广大教研人员的共同努力，改革成果已初现端倪，如过程性考核日益受到重视、多元化评价方法被普遍采用等，考核形式更加多样化，考核过程更具连续性。近年来，教育新专业、任职新岗位对课程建设提出了前所未有的挑战。课程目标和预期学习目标更加多元化、高阶化，教学内容持续更新，教学模式日新月异，迫切需要课程考核完成华丽转身，以快速促进

新型人才培养目标的达成。在"装备维修工程"课程考核改革方面，课程组多次修订和更新课程考核方案。总结起来，之前对考核的设计仍然沿用了传统理论教学和实践教学的思路，形成性考核和终结性考核的内容和形式鲜有"旧貌换新颜"式变动。

针对此次课程考核改革，课程组深入分析课程考核中存在的矛盾和问题，为实施课程考核改革奠定基础。

（一）考核内容方面，知识考核比重偏大，能力考核占比较小

传统考核注重对知识和理论掌握程度的考查，而对学员应用知识分析问题、解决问题的能力、专业思维发展能力、创新思维能力等高阶能力的考核较少。这种考核方式使得学员知其然而不知其所以然，不能充分调动学员学习的积极性、主动性，不利于培养学员应用系统知识分析问题和解决问题的能力。

（二）考核形式方面，缺乏针对性设计，闭卷考试占主导地位

传统考核方式只能考查学员对理论知识的掌握情况，缺乏对知识纵深关联的检验，更不能体现学员的思维、创新和解决问题能力。形成性考核设计不够合理，只涵盖平时小测、作业质量和课堂回答问题；终结性考核以闭卷纸笔考试为主，"一考定乾坤"现象比较突出。注重课终考核、忽视形成性考核的问题长期存在，导致学员重视课终考核、轻视平时学习，过多依赖考前死记硬背，学习效果大打折扣。

（三）考核标准方面，以教员评价为主，缺乏立体性设计

课程考核标准整体设计上比较笼统，只涵盖本课程考核的体系架构，缺乏对不同考核项目的考核目标和考核设计以及不同等级考核结果的详细说明。理论考核目标和实践考核目标区分度不大，考核标准层级设置不够详细，评价等级设置缺乏科学性。

据此，"装备维修工程"课程组系统分析课程建设现状，全面审视课程教学目标的达成度，明确了课程考核改革动因，制定该门课程考核改革方案，以严谨而又开放的态度，对形成性考核和终结性考核进行了系统改革与实践探索，切实实现了寓学于考、融考于学、边考边学、以考促学。

二、考核设计

本次课程考核改革，针对形成性考核，坚持"寓学于考、融考于学"的原则，对课堂问答、作业质量、研讨汇报等传统考核方式进行了较为详细的改革，将其细化为课前诊断、案例分析、实践操作和阶段测验。针对终结性考核，改变传统单一的闭卷考核方式，增加了1次综合实践作业考核，与闭卷考试结合进行，充分实现了边考边学、以考促学。

（一）课前诊断

课前诊断主要通过在每个教学模块伊始采取课堂答题、随堂评判等方式，考核学员对各教学模块陈述性和程序性知识的理解和记忆情况。通过采用课堂答题器，即时反馈诊断结果，提高课前诊断效率。题目设计遵循"温故知新"的原则，既能复习旧知识，又能引导学员头脑风暴式思考和联想，自然转接新模块教学，达到承上启下的效果。诊断的知识点主要涉及维修概念及分类、可靠性概念及分类、系统可靠性框图概念、串并联系统可靠性与单元可靠性的关系、故障树分析步骤、FMEA原理和步骤、维修性基础知识等，题型包括选择、判断和填空。课前诊断成绩分布如图1所示。

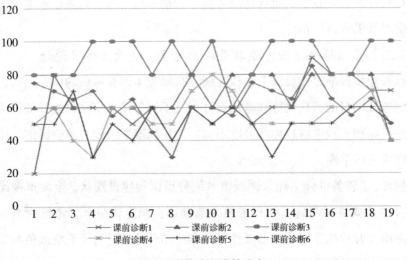

图1　课前诊断成绩分布

（二）案例分析

案例分析考核主要通过典型案例，考核学员对知识的融会贯通能力，以及运用知识进行分析、评价的能力。针对课程内容特点，选择具有代表性的课程模块，对每个模块设计 2 ~ 4 个案例。学员自由结成 4 组，每组 4 ~ 5 人，小组组长以抽签形式提前 1 周选定案例，采用"课上精讲、课下实践、课上交流"，通过组内协作开展案例分析，共同完成分析报告。在相应模块教学的最后 1 个课时，小组代表进行案例分析结果汇报，汇报时间为 5 ~ 7 分钟，并接受教员和学员质疑，时间为 3 ~ 5 分钟。综合采用教员评价和学员评价，分别设计不同的打分标准，总分 100 分，其中，学员主要从学习投入、汇报内容完整性、答疑应变能力等方面为每个小组打分，占比 50%；教员主要根据案例分析的全面性、整体性、汇报的逻辑性、完整性以及思维的独特性等方面进行打分，占比 50%。

按照课程考核改革方案，考虑到学员本学期课程学习任务重、毕业联考压力大等实际情况，课程组主要结合课程实践内容，选择可靠性和维修管理 2 个模块，综合设计了 1 次案例分析。采取了三位教员评价、组间互评和组员互评的方式打分。通过实施考核，课程组发现组间互评的主观性比较强，有互相抬高分数的现象。同时，考虑到课程考核督导专家提出的宝贵意见，在打分机制上做了适当调整，将学员互评作为参考，教员对每组进行整体打分，占总分 50%，学员对每组成员进行打分，占总分 50%，贡献突出、表现优异的学员酌情加分。通过改变评分机制，提高了案例分析考核的效果，优化了案例分析考核机制，较好地实现了考核目标。

学员案例分析成绩分布如图 2 所示。通过分析发现，案例分析考核成绩平均分为 90.5 分，成绩偏高，原因是：一是案例分析准备时间充分（小长假期间进行）；二是教员对学员案例分析进行全程辅导，使学员对考核内容理解透彻。

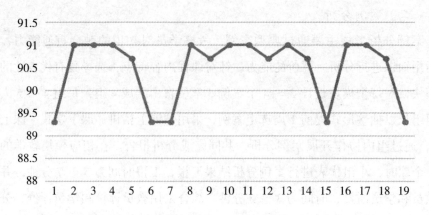

图2　案例分析成绩分布

（三）实践操作

实践操作主要通过上机操作、结组完成选题任务、汇报交流实践成果的方式，考核学员对所学方法技术等程序性知识的运用能力。考虑到学时有限的情况，为了充分提高课堂效率，我们采用了"课上精讲、课下实践、课上交流"的课堂教学模式。

该课程主要针对 FTA、RCM 分析 2 个模块，分别设计了实践操作项目，在各模块教学完成之后布置项目。由学员结组课下完成，按照任务难易程度，对学员灵活结组（FTA 每 2～3 人 1 组，RCM 分析每 4～5 人 1 组），每个小组完成 1 个实践项目，要求学员运用课程模块中学到的知识解决问题，并形成报告。评价标准主要包括方法使用的正确性、过程步骤的完整性以及解决问题的创新性，满分 100 分。考虑到在前面考核环节，学员当中出现的"感性评价"和"抱团评价"现象，此次评价，教员依据评分标准针对每组进行整体打分，占总分 50%，再针对每个学员进行打分，占总分 50%。学员实践成绩分布如图3 所示。

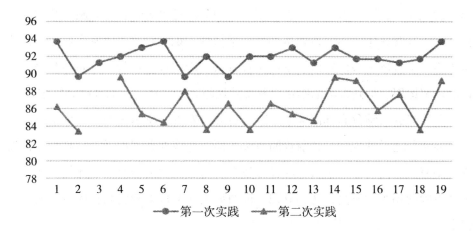

图3　实践成绩分布

从图3所示的考核结果来看，第二次实践成绩整体偏低。除了考核难易度的影响外，这与学员知识累积的速度以及持续性努力的程度不无关系。通过实践操作，切实锻炼了学员的动手能力和分析问题能力，培养了学员使用联系的观点、辩证的思维方式考虑问题和解决问题的习惯，这在与学员的交流和问卷调查（详见佐证材料）中都有所体现。但通过成绩走向对比，可以观测到两次实践考核的相关性较低，实践考核的信度还有待加强，这也是课程组未来需要改进的方面。

（四）阶段测验

阶段测验主要通过阶段性诊断的方式，考核学员对一段时间内所学知识的理解和掌握程度，一般在若干模块教学结束后实施。阶段测验满分100分，主要包括主观题和客观题，各占50%。其中，客观题以考核基本概念知识为主，形式可以为选择、判断；主观题以考核知识理解能力、应用能力和分析能力为主，形式为填空、简答或是简单计算。

该课程阶段测验共组织实施了两次，测验内容涉及维修工程及可靠性维修性基础知识、维修保障效能分析、维修工作分析与缺点、维修资源分析与优化等，时间各为20分钟。由于两个阶段考核内容的性质和考核目标均有所不同（分别偏重知识理解记忆和应用），所设计的2次阶段测验的题型也有所不同，第一次测验的题型为选择和简答，第二次测验的题型为选择、判断、填空和计算。其中客观题考核内容涵盖可靠性、维修性知识和维修工程基本概念、方法与步骤；主观题考核内容涉及维修工程方法理论的理解辨析、可靠性维修性知识的理解运用、维修方案的制定以及维修保障效能分析方法的理解和应用。

阶段测验成绩分布如图4所示。通过分析发现，学员客观题正确率较高，调查显示与之前的规律性课前诊断有关，简答题成绩普遍偏低，与简答题目设置过多有关，同时也与学员平时任务较多、未能及时复习有关。此外，两次阶段性测验的相关性较高，达到0.72，说明形成性考核的阶段测验环节考核信度较高。

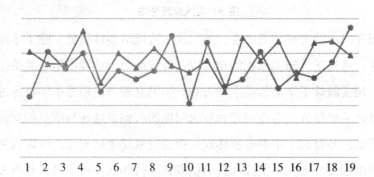

1　2　3　4　5　6　7　8　9　10　11　12　13　14　15　16　17　18　19

▲ 阶段测验1 ● 阶段测验2

图4　阶段测验成绩分布

（五）综合实践

综合实践部分考核学员收集信息素材、综合运用所学知识分析评价、批判性思考以及创新思维能力。突出对应用、评价和创新能力进行考核，是综合实践考核区别于其他形成性实践考核的重要特征。考核设置在课程倒数第二次课，利用课上90分钟和课间10分钟，共计100分钟连续进行。每名学员独立完成一份作业，之后进行课堂汇报展演，教员依据提前设计并广泛征询意见的评分表进行现场打分。学员汇报控制在3.5分钟之内，个人汇报后，答辩在1.5分钟之内。每位学员完成后，综合考虑学员知识掌握程度、知识运用、实践能力、创新能力、汇报演示、答辩质量等情况，进行百分制打分。

本次综合实践考核具体内容为学员自选分析对象，可以是熟悉的装备也可以是常见的设备，根据要求拟制一份简要的维修方案。要求维修方案要素至少包括：基本信息介绍、维修策略和维修级别三个主要部分（各部分的内容要求及评分标准详见附件"终结性考核方案"）。学员在考核过程中充分展现出了良好的自主学习能力和求实探索的精神，综合实践考核成绩分布如图5所示，平均分为87.8，难度为0.8，与课终考试相关性较高（见课终考试分析结果）。

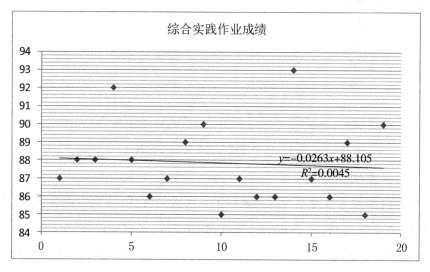

图5　综合实践成绩分布

（六）课终考试

课终考试采取闭卷考试的形式，主要考核学员对该课程理论知识的掌握程度，重点针对陈述性、程序性知识进行考核，考核内容涉及维修工程基本概念，维修保障系统的要素和运行规律，可靠性、维修性、保障性相关概念，故障树分析方法、故障模式分析方法、以可靠性为中心的维修分析方法、维修资源优化的方法以及部队日常性维修管理工作。题型涵盖填空、选择、判断、简答、计算。

课终考试和综合实践作业的成绩分布如图6所示。本次闭卷考试平均分为83.3分，难度为0.8，课终考试与综合实践考核相关度0.43，达到了测试学的要求。

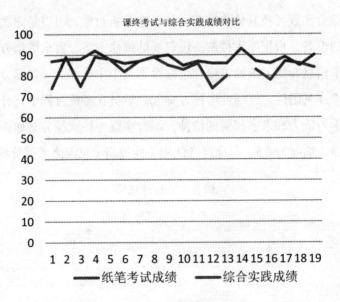

图6 课终考试与综合实践作业对比

（七）考核小结

在本次课程考核改革中，共进行了6次课前诊断、1次案例分析、2次实践操作、2次阶段检验、1次综合实践和1次闭卷考试。最终，参加课终考试的18名学员全部通过了考核（1人由于考试前受伤，申请了缓考），平均成绩81.22，且成绩符合正态分布，见表1和图7所示。

表1 最终成绩分布

平均成绩	分析	优秀（90～100）	良好（80～89）	中等（70～79）	及格（60～69）	不及格（0～59）
81.22	人数	0人	13人	5人	0人	0
	%	0%	72.2%	27.8%	0%	0%

纵观此次考核改革，达到了"寓学于考、融考于学、以考促学"的目的，提高了学员学习兴趣，提升了学习积极性。同时，我们发现：针对课前诊断题目中的预习题目，学员在后续课上关注度更高，学习投入更大；对于形成性考核中的案例分析和实践操作考核，结合考核数据和问卷调查，发现多数学员在整个考核过程中收获很大，尤其是在知识点含义的理解和应用上，有强烈的学习满足感；通过实施综合实践形式的课终考核，学员们对知识的掌握更加扎

实，分析、评价和创新能力也有了一定提高；学员形成性成绩与终结性成绩的相关性较高，达到 0.74，见图 8 所示，说明本次考核反映出了学员真实学习水平，具有较强的可信度。

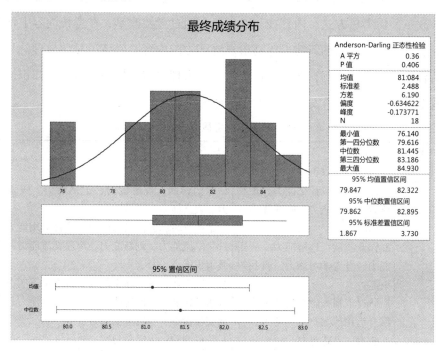

图 7　最终成绩分布

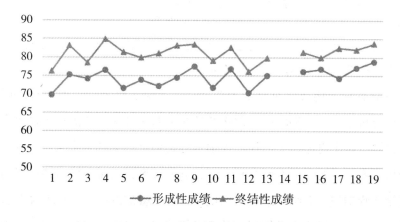

图 8　形成性成绩和终结性成绩比较

四、考核成效

（一）课程考核的高阶性充分体现

改革前后考核方式、内容如表2所示。通过考核改革，在考核内容上增加了对于分析、评价和创新能力等高阶思维能力的内容，提高了对学员理论与实践结合能力的考核比例，解决了传统考核偏重理论知识检验、对专业知识运用实践重视不够、对学科发展动态关注不足等问题。

表2　改革前后考核方式、内容

考核形式	考核方式、内容	
	改革前	改革后
形成性考核	1. 课堂问答：记忆能力、理解能力、表达能力、听课能力、应用能力 2. 作业质量：理解能力、应用能力、自主学习能力、自我约束能力 3. 研讨汇报：融会贯通能力、综合运用能力、应用能力、合作能力、表达能力	1. 课前诊断：理解能力、记忆能力、听课能力、表达能力、应用能力 2. 案例分析：融会贯通能力、综合运用能力、批判思维能力、创新能力、沟通交流能力、协调组织能力 3. 实践操作：动手操作能力、自主学习能力、分析问题和解决问题能力、发现问题能力、沟通交流能力、随机应变能力 4. 阶段测验：记忆深刻度，学习持续性
终结性考核	闭卷考试：理解能力、记忆能力、应用能力	1. 综合实践：协作能力、综合运用能力、辩证思维能力、批判思维能力、知识筛选能力、信息整合能力 2. 闭卷考试：理解能力、记忆能力、应用能力

（二）课程考核的挑战度明显提高

改革前后学习挑战度对比如表3所示。无论是通过考核成绩看，还是从考核数据分析结果看，都印证了此次考核改革对学员学习的挑战明显增强，对于教员来说，付出也超出了以往。以案例分析为例，学员为了准备一次完整的案例分析，不仅需要广泛查阅资料、进行分析计算，还需提炼材料精华内容、运用所学课程知识、总结归纳得出结论、口头汇报加以展示。如果没有收集到完整信息、不综合运用所学知识，就不可能按照正确的思路分析问题，无疑这是在完成一项具有一定挑战度的任务。学员们普遍认为这学期的考核方式"不留作业胜留作业",但辛苦之外,的确是"收获了满满的干货,汲取了丰富的营养"。

表3 改革前后学习挑战度对比

考核形式	对学员的挑战度	
	改革前	改革后
形成性考核	1. 课堂问答:认真听课、持续跟课、课前复习、课后预习、随机接受提问 2. 作业质量:认真听课、课后复习 3. 研讨汇报:认真听课、课后复习、讨论发言	1. 课前诊断:限时答题、认真听课、持续跟课、课前预习、课后复习、成绩共睹,面子承受力,自尊心程度、进步感或退步感 2. 案例分析:知识整合、不间断努力、持续跟课、同伴压力、被迫贡献压力,考核评价压力 3. 实践操作:理解深度、实际应用、角色定位压力、被迫贡献压力、考核评价压力 4. 阶段测验:无间断学习、持续跟课、重复复习
终结性考核	闭卷考试:记忆深刻性	1. 综合实践:无间断学习、持续跟课、重复复习,理解深度、实际应用、角色定位压力、被迫贡献压力、考核评价压力 2. 闭卷考试:记忆深刻性

（三）课程考核反拨效应充分发挥

课程组总结的考核反拨作用具体体现如表4所示。传统的终结性考核强调机械记忆,多以闭卷形式的"静态考核"为主,对学员的动手能力、创新能力、个人专长等方面难以有效考核,造成学员对学习过程不关注、存在考前突击的问题,没有发挥考核应有的作用。通过此次考核改革,设计了多样化的考核方式,并将考核融入教学全过程,不仅使学员找到差距和不足、厘清下一步学习方向和重点,而且增强了学员学习的主动性、积极性和自觉性,大大提高了学员在学习中全过程投入,促进了学员从注重考试结果向注重学习过程的转变。对于教员来讲,我们深刻理解了考核对于教学的重要影响,发现了一些考核形式之间的弱相关性,也找到了试卷库建设的关键点,这些收获和认识,足以使课程组的所有成员开足马力,在教改大道上继续奋力前行。

表4　考核反拨作用具体体现

考核形式	考核反拨作用体现	
	对教员	对学员
形成性考核	1. 根据考核目标实现效果，进一步完善各个教学模块的教学目标 2. 根据考核结果反馈，调整教学节奏，关注学员进步 3. 根据考核过程把控情况，调整下一轮教学设计	1. 通过考核结果，反思进步或退步原因，实现查漏补缺 2. 通过同伴之间横向比较，激发学习动力 3. 通过协作完成考核，增加互帮互助，加强团结
终结性考核	根据综合实践效果和纸笔考试结果，进一步完善对理论教学和实践教学内容、教学目标和教学计划的设计	通过全方位检测课程学习效果，增加学习成就感，体会课程的意义，回味付出的过程，反思自己在合作、交流、组织等能力方面的不足

（四）课程考核的规范性明显增强

总结此次课程考核规范性提高情况如表5所示。通过此次考核改革的实施，不仅考核形式得到了极大丰富，更重要的是在考核评价标准上，课程组建立了一整套适应课程教学目标要求的考核标准体系，其中包括了各类形成性考核和终结性考核的目标、内容和评价标准，完善了各个教学模块的学习目标，显著增强了课程考核的规范性。考核后的成绩分析和总结也更加全面，从测试学的角度针对考核的难易度、区分度和信度等进行了量化，从更加科学的视角全面审视了考核质量，在考核的规范性上实现了很大的突破。

表5　课程考核规范性提高情况

考核目标	考核标准	评价标准
1. 区分陈述性、程序性和策略性三个不同类别知识，对各类形成性考核目标进行了细化 2. 终结性考核目标更加全面，囊括知识、能力和素质各个层次	1. 形成性考核标准与考核目标紧密对接，针对理解、记忆等低阶目标与分析、评价、创新等高阶目标的考核标准得以完善 2. 终结性考核目标更加全面，囊括知识、能力和素质各个层次	1. 通过考核结果，反思进步或退步原因，实现针对性查漏补缺 2. 通过同伴之间横向比较，激发学习动力 3. 通过协作完成考核，增加互帮互助，加强团结

五、经验总结

（一）课程考核不是独立于教学之外的评价活动

考核或者称为学习评价，是教学计划的一个组成部分，应当作为日常教学的一个有机组成部分来持续进行，而不能只作为一个阶段性的总结来使用。开展规律性和符合教学要求的考核评价，不仅能够记录学员发展进步的过程，对学员学习起到督促和激励作用，而且能够科学评价教学效果，有效改进后续教学。从建构主义学习理论的角度说，学和考本就一家，考核是学习的一个重要环节，学可应考，考能促学。

（二）课程考核的内容和形式决定学员学习习惯

传统考核闭卷考试多、开卷考试少，笔试多、口试答辩少，理论考试多、动手实践考核少，往往集中于某一时间段，考核内容局限性强，考试多侧重于记忆，综合性、分析论述等主观性考题较少。大部分学员漠视平时的刻苦认真，一到考试就使出十八般武艺，学习目的直指过关或高分。可以说，以记忆为主的传统考试鼓励的是以花费最少精力、完成最低层次目的的学习，与灌输式教学之间存在天然的默契。依据建构主义教学理论，这样的考试对于创新人才的培养是不利的，因为学习的过程缺少了发现问题的批判性思维和解决问题的发散性思维过程，自然也没有解决问题后的快乐体验和收获，学员没有发挥自我见解的过程，未来也难以跳出圈定的框架来思考和解决问题。要想真正提高学员能力、全面有效评价学习效果，需要教员去花费更多时间来设计考核评价。

（三）教学目标和考核形式是激活学习的有效抓手

教学目标中如若包含了超越单纯知识积累和记忆的能力要求，学员就不可能完全靠灌输和死记硬背的方式来学习。基于OBE的考核，需要明确设计学员要学会什么、学得怎么样，整个考核过程都要围绕着促进学员达成学习目标来进行，并以此引导学员有效学习、适时捕捉学员的学习成效。如果学习目标由原来的教员单方面制定转变为由学员参与证明，就可以将学习主动权真正转交给学员。例如：在实施 FTA 实践考核中，学员被赋予了极大的自由进行装备的选取、故障的界定、汇报的设计、小组的分工，在评价阶段全员参与互评和自评，整个过程下来，学员普遍反映此次考核有"酣畅淋漓"之感，不仅收获了知识，更深刻理解了知识的应用范围和学习意义。

六、改进建议

（一）进一步完善多元评价体系

多元化不仅指的是考核形式和考核指标的多元，还包括评价主体的多元。学员自评、互评和教员点评相结合的方式，不仅能让学员感受到自己的主体地位，还能训练学员的总结和反思能力。当然，再好的评价方法所记录也只是学员发展过程中的某个点或面，要想准确真实地反映学员发展状况，只能通过多角度、多层次的立体评价来实现。从教员角度来讲，多元化评价有利于全方位收集教学效果反馈信息、促进教学计划完善，提高教学效果。从学员的角度来说，多元化的评价方式既能提高学习热情，又能促进学员思维发展能力、分析能力和创造能力的发展，对学员的素质培养具有重要影响。

（二）进一步拓展课程考核空间

课时有限与教学内容丰富之间的矛盾是课程教学改革中的一个突出矛盾，课程考核改革也不可避免受到影响。学员准备时间不足、考核评价时间仓促、应用创新能力展开受限等都是亟待解决的问题。为此，课程组探索了"学、做、考"一体化设计，通过优化整合教与考的各个环节，实现了"教中有考、考中有学"的模式，满足了教学目标的高阶化要求。同时，针对本次考核实践改革中出现的课程辅导时间不足的问题，有待进一步制定对策措施，充分利用第二课堂活动，构建更加广阔的课程考核空间。

（三）进一步改进评价激励机制

OBE 理念的一个主要观点是绝大多数人都有学习能力，并且都能学好，但并不是以同样的时间或者速度，所以课程教学计划制订者，或者说是教员，应该采取有效的激励机制，坚定每个学员的信心，鼓励他们自我成长，在原有基础上不断提高，以成功的学习促进更加成功的学习，最终使每名学员都能达成自己的目标。当然，根据因材施教的观点，对不同的学员，所采取的激励措施也有所不同，并且需要在使用过程中不断进行调整，以满足不同特质学员的学习情况。在本学期的课程考核改革过程中，学员偶尔表现出了对于小组合作、自选题目和自主实践的畏惧。教员于是通过非正式聊天的形式，帮助分析查找问题，适时给予辅导。在案例分析考核准备过程中，有的学员出现了方向偏差，教员通过发送相关知识链接，逐步启发学员解决好每一个问题。这个过程不仅使学员收获了成长，教员也受益匪浅，尤其在增强考核针对性，设计考核标准方面，都积累了一定经验，但在促进学员加强小组合作和实现学员之间的客观评价上，尚需进一步研究对策。

参考文献

[1] 李娟,等.浅议以学为中心的教学模式设计[J].现代教育与实践,2021.

[2] 李娟,等.基于建构主义的网络教学模式探讨[J].大学教育,2021.

[3] 李娟,等.着眼教学目标达成,开展多样化课程考核[J].教学与研究,2021.

[4] 戴红,等.OBE教育理念下三全育人理论与实践[M].北京,知识产权出版社,2019.

[5] 巩建闽,等.高校课程体系设计研究[M].北京,高等教育出版社,2020.

基于"以实带理、理实融合"理念的课程考核改革研究

冯蒙丽　张　丽　周　娴　刘　进　胡建伟

陆军工程大学石家庄校区

摘　要："应用物理基础"课程考核改革基于"以实带理、理实融合"理念，既是对专题化教学课程内容改造的延伸，又是考核形式多样化、科学化的具体落地，构建了"两强四化一注重"的考核模式，过程考核评价更加公正，学员的学习热情更加持久，自学潜力得到激发，个体差异得以体现，学员的各项能力得到进一步提升。

关键词：考核改革；理实融合；物理

一、国内外发展情况

高等职业技术教育是我国高等教育体系的重要组成部分，培养目标更倾向于技术性，专业设置体现职业性。在"应用物理基础"课程的教学过程中，知识上以"必要和够用"为诉求，教学过程中应更加突出实训。新时代，课程改革一方面需要更新教学理念，优化整合教学内容；另一方面需要发挥以考促学作用，突出实践技能考核，注重过程化评价，真正激发学员学习的积极性和主动性。

在高等职业教育中，广大教育工作者对考核评价做了广泛深入研究和探讨，取得了一些成果。英国的 BTEC 考核模式 [1-2] 是建立以课业为形式，以证据为依据，以成果为标准的等级评判制度，对考核等级评定制定了严格的评定标准，非常重视学习过程中的资料积累。德国双元制职业教育的考核系统，实

现了完全的教考分离，考核由各自的行业协会组织并颁发证书，在一定程度上实现了教育考核的社会性。我国职业技术教育起步较晚，进入 21 世纪以后展现了勃勃生机，物理学科和实际应用联系非常紧密，相关院校也在考核方面进行了广泛深入研究。除了传统的理论笔试考核之外，在实践操作考核方面也进行了各种尝试。中国地质大学把仿真实验考试体系引入了物理教学考核中 [3]，实现了大批量学员的同时考核，突破了实验室硬件设施的制约。中国科学技术大学将计算机虚拟技术引入大学物理仿真实验 [4]，并开发了一套实验仿真考试系统 [5]，不仅实现了教师灵活组卷，还可以实时对实验操作进行评价打分。新疆大学信息与科技学院还采用了口试形式检验学员的预习效果 [6]，作为平时表现的一部分。桂林电子科技大学设置了主题报告对成绩进行加权 [7]，激励课堂参与。考核趋势着眼于综合素质考核，丰富考核手段，拓展考核形式，提升了考核结果的可信度和区分度。

对于笔者所在学校"应用物理"课程而言，一要保持自身考核改革特色和优势，二要积极吸取经验，在巩固考核成果的同时，进一步完善考核机制。从以下几方面加以尝试：逐渐制定规范的信息化测试制度，建设网络试题库，丰富测试资源；逐步建设仿真实验室，克服硬件设施局限；合理利用口试、面试手段，增加考核灵活度。

二、基本情况

（一）课程概况

1. 课程地位

"应用物理基础"是一门任职基础课程，旨在培养学员严谨的实验操作技能和理论分析能力，培育学员的科学探索精神、合作意识和创新意识等，为其后续专业课程学习和岗位任职奠定基础。

2. 教学团队

课程教学团队由 5 名教师组成，其中副教授 3 名，讲师 2 名，教龄皆在 12 年以上。团队结构合理、教学经验丰富、创新意识浓厚，为考核改革的顺利展开提供了基础。

3. 硬件资源

现有物理实验室 25 个，涵盖 17 个基础实验室，2 个创新实验室，5 个演示实验室，1 个虚拟实验室。一方面为教学过程中全面过程化评价学员的课上表现提供了硬件条件，另一方面有利于实践考核的全面铺开。

4. 改革基础

课程组从 2020 年 5 月启动课程体系化改造，并成功申请了"'以实带理、理实融合'的'应用物理基础'课程改造研究与实践"教学成果立项培育项目，总体目标是建设学思结合、知行合一的金课。在课程改造过程中以"以实带理、理实融合"理念为牵引，重塑了内容体系，创新了教学模式。在内容上理论和实践课程比例几乎达到了 1∶1，在此基础上构建了以"专题式教学"为基础的教学组织模式。以学员需求为牵引、以实验现象为先导、以概念规律为核心，打破"学科完整"思维，向"科学整合"转变，精心打造了测量基础、质点力学基础、刚体定轴转动、经典学基础、电学基础、磁学基础、电磁感应、振动波动基础、几何光学基础、热学基础、能量基础 11 个专题内容体系，实现教学内容与学员需求、教学目标之间的高度契合。

在实际教学过程时，课程组每位教师负责 2～3 个专题，共同完成对应班教学任务。这也是考核能够人员多元化参与的前提，多名教师、分阶段对一名学员进行评判，充分体现公平公正原则。

5. 本期教学情况

本期有 6 个教学班，共 146 人。

（二）考核对象分析

为了全面了解学员情况，课程组组织了开课前的摸底考试。实有 146 人，其中 144 人参加考试，参考率 98.63%；考试统一组织，评阅试卷采用流水作业方式。试卷知识点涉及力、热、声、光、电磁各模块，与中学所学内容贴合，同时对后续课程改造中重点涉及的各模块知识进行摸底。试卷难度以中考基础典型问题为考核重点，难度略低于中考水平。此外，注重了与军事、生活实际的结合，弱化了复杂计算。卷面总分 100 分，题型包括选择、判断、填空、探究、计算。6 个教学班卷面成绩基本情况见下表 1。

表 1 "应用物理基础"入学摸底测试结果

班（人数）	平均分	≥90	80～90	70～80	60～70	<60
1（27）	57.00	0	7	1	1	18
2（28）	54.89	0	2	6	4	16
3（29）	66.24	2	6	3	7	11
4（28）	64.89	1	6	3	8	10
5（18）	62.83	0	2	3	7	6
6（14）	50.43	0	1	1	3	9
总（144）	60.08	3（2.08%）	24（16.67%）	17（11.81%）	30（20.83%）	70（48.6%）

从卷面成绩来看，平均分在及格线附近，不及格率 48.6%。60 分以下学员主要集中在 40～60 分数段（53 人）。各班情况也有差别。

根据前期沟通及监考过程中对学员的了解，结合测试成绩来看，学员的学历层次跨度大（初中到大学），年龄差距大（出生年大部分介于 1996—2001 年），学习"空窗期"长（三年以上）。物理基础非常薄弱，知识遗忘、缺失严重，且两极分化现象突出。

优缺点并存，虽然在知识体系上有很多不足，但是普遍学习态度较为端正，且具有一定的工作、生活、训练经历，对自己在今后的学习和训练中需要什么比较明确，能够主动和教师沟通；动手能力普遍较强，对实践能力提升较为关注。根据以上情况，课程组在考核改革项目中做出了有针对性的调整。

（三）原有考核情况

"应用物理基础"课程在改革过程中逐渐调整考核构成，原有考核模式终结性笔试占总 70%，形成性考核占 30%，形成性考核主要靠作业评判及教师对学员的主观评价。随着课程改造深入开展，教学内容和教学模式都进行了调整改革。特别是在内容上，理论和实践课程的课时分配由原来的 38:12 调整为 26:24，比例接近 1:1，课程考核也随之进行大刀阔斧的调整，进一步凸显高职特色，强化能力本位。

（四）考核构成

考虑到以往课程考核中存在的不足，课程组在"应用物理基础"课程体系改造时，有针对性地设计了考核模式改革的总体方案。改革后的"应用物理基础"课程，考核仍采用形成性考核和终结性考核相结合的方式，但整体上做了结构调整，总成绩仍为百分制。形成性考核占60%，其中平时性作业占20%，信息化测试占10%，设计性实验30%；终结性考核占40%，采用闭卷形式，考试内容主要为基本概念、基本规律及应用。

（五）考核实施

形成性考核包括平时性作业、信息化测试、设计性实验三部分。平时性作业占20%，每专题评判1～2次；信息化测试占10%，根据内容需要采用问卷星课后进行；设计性实验（2个）占30%，在课程后期采取抽签形式课上限时完成。现将考核实施情况介绍如下。

1.形成性考核1——平时性作业考核

平时性作业占20%，每专题评判1～2次。每个专题主要包括理论课程和实验课程两个部分（个别内容例外）。平时性作业包括理论课后作业及课上表现评判，实验课包括实验报告完成情况及课上操作表现。理论课采用（15+5分）评判形式，15分为课后作业完成总分，5分为课上表现总分（包括班级基础分+个人突出表现加减分）；实验课采用（10+10分）评判方式，10分为实验报告完成分数，10分为课上实践操作完成情况。理论和实验课程平均分构成专题得分。

（1）理论课。

①理论课课上表现评判。班级基准分制度：首先根据班级整体表现确定基准分。基准分根据班级学习态度是否端正、课上教学互动氛围是否良好、教学保障是否得力、是否与教师及时沟通等进行给分，一般为2～3分。在基准分基础上，如个人课上回答问题积极准确，上课期间与教师及时沟通，课代表保障教学有力，教学骨干组织辅教积极，教师激励性项目表现良好适当加2～3分。整体表现最高不超过5分。如存在不遵守课堂纪律、睡觉、不遵守实验室

规定、与教师缺少沟通等现象，酌情扣除 0.5～2 分，整体表现不低于 0 分。各专题加减分具体情况根据专题特点详细制定。部分专题案例如下：

② 理论课课后作业评判。设置专用作业纸：课后作业共 15 分，根据完成作业的完整度、准确度、美观度进行评判（见表 2）。同时设计了专用作业纸，便于学员使用以及教师评判记录，为考核规范化打下了基础。

表 2　理论课课后作业评判标准

项目	评分准则	得分
完整度	是否完成教师课上布置作业，有无缺项漏项	1. 全部完成，无缺项漏项，答题规范、准确，无错误，字迹较为清晰、美观，13～15 分；
准确度	答题是否准确、规范	2. 全部完成，无缺项漏项，出现少量错误，工整清晰，8～12 分；
美观度	作业是否整洁、美观	3. 如缺项漏项，根据缺漏程度以及完成部分标准按情况扣分

（2）实验课。

实验课包括实验报告完成情况及课上操作表现。采用（10+10 分）评判方式，10 分为实验报告完成分数，10 分为课上实践操作完成情况。相较于传统实验报告，增设了思考题模块，体现了学员课下学习的能力考察。

① 实验课上操作表现评判。课上操作总分为 10 分。按照仪器使用是否标准，操作过程是否规范，是否能够在规定时间内完成实验内容，完成程度如何，数据是否准确，同时参照课上和教师沟通互动情况给分。由于每个专题实验具有自身特色，各评判项目得分占比会有区别，各专题的负责教师按照自身实验特色酌情规定比例，并做好相关记录。案例如下：

电路基础专题

【实验课评分细则】

实验名称：万用表原理及简易万用表装配

实验操作：本项目总分 10 分

项目	评分准则	分数（满分）
实验预习	课下预习，实验报告完成情况	2
教学参与	上课状态是否良好，是否积极参与教学	1
电阻选择	选取电阻是否准确、快速（15分钟以内）	2
焊接操作	电烙铁使用是否规范； 电路焊接是否正确； 电路完整性。（40分钟以内）	4
整理归纳	电路拆解是否使用电烙铁； 实验完毕是否整理仪器，合理归位。	1

②实验课课下实验报告评判。评判标准按照制式实验报告单内容要求进行评判。每个实验具有其自身特色，各分项分值分配有所不同，根据实际情况由相关负责教师进行具体分配。案例如下：

电路基础专题

实验名称：万用表原理及简易万用表装配

实验报告本项目总分 10 分

实验报告评判标准

项目	评分准则	分数（满分）
实验目的	实验目的是否明确	1
实验仪器	仪器型号、数目等是否符合实际，是否缺项多项	1
实验原理	实验原理总结是否完整、条理清晰	2
实验步骤	步骤是否严格执行相关规范	2
实验总结	规定的归纳总结内容是否全面、翔实	4

制式实验报告单中除了传统的实验目的、实验器材、实验原理、实验步骤、数据分析之外，增加了思考题模块，便于教学中激励思维活跃的学员。

③形成性考核 1 成绩记录。按照相关要求，课程组教师分别对各自负责专题进行评判，给出每位学员 11 个专题得分，11 个分数进行平均即为学员形成性成绩 1 得分。某位学员各专题得分及最终成绩如表 3 所示。

表 3 形成性成绩 1 记录单

序号	学号	姓名	1	2	3	4	5	6	7	8	9	10	11	平均分
1	*****	张**	15	15	15.5	16	18	14	15	16	17	16	15	15.75

1. 测量基础 2. 质点力学 3. 刚体定轴转动 4. 静电场基础 5. 电路基础 6. 恒定磁场

7. 电磁感应 8. 振动波动基础 9. 几何光学基础 10. 热学基础 11. 能量转换基础

2. 形成性考核 2——信息化测试

各专题完成学习后，由相关负责教师组织专题信息化测试。测试方式为利用学员课下手机开放时间借助问卷星进行，测试总分 10 分，各专题共组织测试 7 次，采用 7 次测试平均分作为形成性考核 2 得分。

3. 形成性考核 3——设计性实验

学员随机抽签选取 2 项内容，自主设计实验方案、完成实验操作。每个实验 15 分，包括实验操作分和实验报告分。两个实验得分总和即为设计性实验得分。相关实验具体操作项目得分由相关负责教师根据实验特色进行分配。

（1）实施方式。实施方式分为 3 步完成。第一步：课程组为学员提供电路设计实验、透镜焦距测量、物体加速度测量、物体密度测量、双线圈磁场测量 5 个设计实验，提前下发实验要求。

第二步：学员随机抽签选取 2 项内容（每个实验参与人数 7 ~ 10 人，由学员自主分组安排），学员根据选定实验，自主设计实验方案，提前完成实验目的、实验器材、实验原理的撰写。

第三步：按照选定任务在对应时间参加考试，要求独立完成实验操作、当堂完成实验报告后上交。

（2）评分标准。各实验根据自身特色制定评分标准。

（3）成绩记录。学员在课程最后两次课完成两个设计性实验，教师根据标准分别给分，两个实验得分之和为形成性成绩 3 得分。

4.终结性考核

终结性考核成绩占总成绩的 40%，采用闭卷形式，考试时间和地点统一组织安排，从题库中随机抽取 1 套试卷进行测试，体现考试的科学性和公正性。考试内容主要为基本概念、基本规律，题目类型为选择题、判断题、简答题、计算题。较传统笔试内容而言，考核改革注重考核的基础性、强化理论的应用性。具有如下特点。

（1）紧密对接生活应用，激发学员兴趣。相关考题突出与生活的紧密联系。例如：电学专题设置了电冰箱、吹风机、投影仪等简易电路的设计，刚体专题设置了宇航员在太空中的角动量守恒问题。

（2）着力开发具体案例，增强学习动力。紧密联系实际，通过相关问题的考查，强化学员对物理重要作用的认知，增强学习动力。

（3）增加实验相关题目，体现综合素质。设置了部分实验相关问题，考查学员实践操作的熟悉程度。

二、考核分析

本年级共 146 名学员，平均成绩为 76.1 分，各班平均分分布范围在 73.67 ～ 77.61 分，基本符合预期。其中 70 ～ 90 分人数占比约 75%，不及格率 2.74%，优良率 32.88%。具体见表 4。

表 4 "应用物理基础"成绩分布

分数段	90 ～ 100 分	80 ～ 90 分	70 ～ 80 分	60 ～ 70 分	60 分以下
人数	2	46	65	29	4
百分比	1.37%	31.51%	44.52%	19.86%	2.74%

根据成绩组成中各模块的得分情况分析：信息化测试得分率最高，理论考核得分率相对较低。平时性考核 1 的评定覆盖了理论课与实践课的课上参与和课下任务完成情况。11 个专题、5 位教师的评判分数在 14.38 ～ 17.69 分，平均分为 16.36 分，得分率为 81.8%（满分 20 分）。授课期间，信息化测试共组织 7 次，平均得分为 8.56 分，得分率 85.6%（满分 10 分）。设计性实验平均得

分为 25 分左右，得分率为 83.3%（满分 30 分）。学员随机抽取两个实验自主进行设计，在准备过程中通过查阅书籍、视频等资料、讨论、相互学习等方式进行考前准备。同一实验会出现多种设计方案，体现了学员学习的创新性。在操作过程中，对学员实践能力以及处理随机事件的能力要求也更高，体现了课程考核的高阶性。终结性考核增加生活应用及实验性题目，强化理论考核的基础性、应用性，体现了特色。试卷考核采用百分制计分。其中客观题（包括选择题和判断题）为 40 分，平均分为 29.52 分，得分率为 73.8%，主观题（包括简答题和计算题）共 60 分，平均分为 35.82 分，得分率为 59.70%。本课程平均分为 65.34 分，比预期稍低。

成绩分布结果显示，改革后的考核模式更加合理。通过多层次全方位的考核体系，课堂内外、线上线下均有兼顾；学员的学习兴趣到提升，信息化测试得分率高，操作方便；学员特长得以发挥，学员在设计性实验模块得分率较高，体现了学员具有较强的动手能力；理论测试的得分率偏低，说明学员的基础理论和计算方面存在短板。各模块具体分析如下。

（一）形成性考核 1 的成绩分析

形成性考核 1 的评定覆盖了理论课与实践课的课上参与和课下任务完成情况。11 个专题 5 位教师的评判分数在 14.38 ～ 17.69 分，平均分为 16.36 分，得分率为 81.8%（满分 20 分），如表 5 所示。

表 5　形成性考核成绩 1 统计

专题名称	电路	静电场	磁学	热学	能量	测量	刚体	电磁感应	质点力学	光学	振动波动
专题平均	15.81	16.29	17.31	16.66	16.58	17.69	17.00	16.71	14.38	15.50	15.99
平均分	16.36										

形成性考核 1 的结果分析如下。

1.理论课的课上表现

此项考核成绩采用基准分制度，学员的参与度高，课堂上没有学员困顿疲惫现象。

2. 理论课的课后作业

采用专用作业纸便于学员使用和教师评判，增加了任务的规范性和仪式感，学员重视程度明显增加，作业质量高。

3. 实践课的课上操作

考核中课上操作分值较大，一定程度上激发了学员共同参与的主动性。

（二）形成性考核 2 的成绩分析

授课期间，教员采用问卷星形式共组织 7 次测试。平均分为 8.56 分，得分率为 85.6%（满分 10 分），具体见表 6。

表 6　形成性考核 2 的成绩

专题名称	电学模块	磁学模块	力学模块	刚体模块	电磁感应	光学模块	振动波动
测试成绩	8.71	8.71	8.55	8.60	8.12	8.79	8.47
平均分	8.56						

形成性考核 2 的结果分析如下。

1. 组织灵活，可及时监控学习动态

教师可以根据学习进程和教学效果多次进行测试，以便随时掌握学员学习情况。

2. 学员参与率高，不受空间限制

作为信息化测试手段，充分体现了便利性。学员可以根据自身时间利用零散时间完成，不受空间限制，充分体现了线上测试的优势。根据反馈情况来看，一方面学员参与度高，部分学员在住院期间通过自学也主动完成了相关测试；另一方面学员非常重视答题效果，准确率较高。

（三）形成性考核 3 的成绩分析

两个设计性实验总体得分情况如表 7。

表 7　设计性实验得分情况

设计性实验 1	设计性实验 2	综合得分
12.71	12.34	25.05

首先学员在课下进行了认真准备，给予了足够重视，甚至个别学员带伤坚持了考核；其次充分体现了学员动手能力较强的优势，提升了操作的规范性；

更重要的是，与上课之初撰写的实验报告相比，学员在设计性实验撰写的实验报告，条理更加清晰，内容更加饱满。

（四）终结性考核的成绩分析

终结性考核采用理论闭卷方式，总分为 100 分。其中客观题（包括选择题和判断题）为 40 分，平均得分为 29.52 分，得分率为 73.8%，主观题（包括简答题和计算题）共 60 分，平均分为 35.82 分，得分率为 59.70%。本课程平均分为 65.34 分，比预期分数稍低，结果分析如下：

1. 学员的基本理论掌握较好

客观题主要涉及基本原理和简单计算，学员的得分率基本符合预期，说明学员在基础理论方面掌握尚可，整体教学难度基本与学员水平匹配。

2. 学员的理论计算环节还存在短板

学员的计算准确度有所欠缺，造成主观题尤其是计算题失分较多。

3. 部分"灵活性"题目得分率偏低

学员在学习过程中依赖教师"投喂"，在教学过程中课程组设置了多个环节拓展知识，创造学员参与环节以及课下讨论机会，但教学效果还有待提升。

（五）各教学班情况统计

各班综合性成绩分布如表 8。

表 8 "应用物理基础"综合性成绩

班	人数	平均成绩	优秀	良好	中等	合格	不合格
1	27	75.48	0（0%）	8（29.6%）	12（44.2%）	6（22.2%）	1（3.7%）
2	28	73.71	1（3.6%）	7（25%）	39.3（21.4%）	7（25%）	2（7.1%）
3	29	76.34	1（3.4%）	9（31%）	12（41.4%）	7（24.1%）	0（0%）
4	28	77.68	0（0%）	10（35.7%）	16（57.1%）	2（7.1%）	0（0%）
5	18	76.72	0（0%）	7（38.9%）	9（50%）	1（5.6%）	1（5.6%）
6	16	76.81	1（6.2%）	6（37.5%）	4（25%）	5（31.2%）	0（0%）

1 班课上表现不温不火，在 6 个班中较为"中庸"，最终考核情况也基本符合教学平时表现。2 班平时课上非常活跃，课代表和教师沟通最多，但是部分学员平时有些投机取巧，作业抄袭现象屡有存在，班内两极分化现象较为严

重，个别学员基础薄弱，最终成绩不理想。3 班和 4 班课上表现较活跃，课代表认真负责，积极协助教师进行班级管理，平时注重阶段性测试和复习，其成绩分布符合预期。5 班和 6 班人数较少，入学摸底测试中 6 班成绩不太理想，两个班相对比较内敛，课上参与比较谨慎，但是课下作业完成不错；尤其是 6 班课下沟通较为及时，本次考试也取得了较为满意的成绩。

三、改革成效分析

课程教学结束后，课程组通过问卷星对学员就课程改革成效进行了问卷调查。调查结果显示，改革后的考核与以往考核相比，46.4% 的学员认为考核更加注重过程，87% 的学员认为更能调动学习兴趣，65.3% 的学员认为更加公平合理。55.1% 的学员对考核综合评定为 A+，29.1% 的学员对考核综合评定为 A。通过反馈情况来看，学员对考核形式给予了充分肯定。

（一）多教师参与，过程考核评价更公正

针对每一位学员，课程组所有教师都参与评价，教师个人的主观因素下降，从组织形式上保证了公平，实现了考核的人员多元化。

（二）专题化教学，学员学习热情更持久

"专题化"在打破传统物理知识体系的前提下，尽量保证了每个知识模块相对完整独立。一方面学员的学习呈现阶段性，在 4～6 个学时后，已经疲态，此时的教学内容、教师和授课地点都发生了变化，学员学习的新鲜度得以保持，好奇心受到激发，学习热情更加持久。另一方面不同学员的知识体系有差别，不同的专题可以给学员一个全新的开始，减少挫败感。

（三）加大实践比例，操作优势得以发挥

原有课程体系实践占比轻，课程考核是将实验课程的表现简单纳入平时表现中，对考核成绩的高低影响较小。高等职业技术教育更注重知识的实用性，在新的课程体系下，实践比例接近 50%，实践操作考核得以充分体现。在形成性考核 1 中实践操作得到量化，在形成性考核 3 中操作考核占 30%，充分发挥了学员动手能力强的优势。

（四）增加设计环节，学员自学潜力得以激发

学员在自主学习能力方面偏弱，体现在基础知识缺失，学习方法有偏差，学习动力不足。通过设计性实验考核，一是提高学员自主学习的积极性；二是提升学员的教学参与度；三是通过个人努力，取得好成绩，实现自我价值。在这个过程中，学生从第一个设计实验的不知所措，到最后的游刃有余，充分激发了学员自主学习的潜力。

（五）强化全方位考核，个体差异得以体现

原考核主要依靠终结性考试，形成性考核的成绩差距难以拉开，学员的个体差异体现不明显。实际上有的学员擅长理论，有的学员精于操作，有的学员善于书面表达，有的学员精于口头表述。可以说是"鹰在天上飞，鱼在水中游，虎在山中跑，猴在林中跳"，各有所长。现在的考核方式课上课下兼顾，线上线下并行，实践与理论并重，最大程度反映学员的个体特点，每一位学员均能得到公平、全面的评价。

四、经验成果

以"专题化教学"为基础，构建"两强四化一注重"的考核模式。

（一）采用专题化教学模式，构建公平考核机制

在专题化教学前提下，每位教师针对所负责专题分别对所有学员进行全面评判，课程组所有教师共同参与了同一名学员的考核评价。这种模式最大限度地克服了传统单个教师负责制的主观因素，保证了评价的公平、公正性。

（二）增加实践考核比例，强化实践考核的创新性、高阶性

通过体系化课程改革，实践课时占比接近课程总学时的50%，在此前提下，一方面形成性考核的成绩充分考察了实验操作完成及总结情况，注重了学员动手能力较强的优势；另一方面增加了设计性实验，考察了学员的自主学习能力。充分体现了实践考核的创新性和高阶性。

（三）体现"四化"特色，克服传统考核短板

考核形式多样化，实践和理论兼顾，课上和课下配合，线上线下并行；考核人员多元化，在专题教学的前提下，多名教师分阶段对一名学员进行评判，充分体现公平公正原则；考核实施过程化，弱化终结性考核比例，形成性考核占比60%，考核贯彻整个学习过程；考核制度规范化，制定详细的课后作业（理论课作业及实验报告）、课上表现（教学互动及实操规范情况）、设计性实验综合评定标准，形成了制式实验报告和作业纸模式。

（四）紧密联系应用实例，强化理论考核的基础性、应用性

终结性考核试题中增加生活应用和实验性题目，强化了理论考核的基础性、应用性和拓展性。

（五）注重信息化手段运用，实现数据化评判

利用问卷星等新型数据采集方式，最大程度上实现了教师对学员平时表现、学习水平等数据的快速掌握，降低了教师的重复、低端劳动，同时在一定程度上体现了课程考核的精准化、个体化。

（六）设置标准化作业纸和实验报告，增强任务的规范性、仪式感

作业纸的设计一方面增强了学员完成作业的仪式感，另一方面方便学员在各个专题之间流转时不受限制，同时便于作业保存、整理和复习。

（七）采用基准分制度，学员的教学参与度明显提升

形成性考核成绩的评定，在理论课上采用基准分制度，一方面有利于纯正班级学风，另一方面，鼓励个人努力。

五、矛盾问题

（一）专题化教学弱化了师生情感

由于每位教师只负责2～3个专题教学，使得学员和教师之间接触时间短，师生情感较之单教师负责制弱化。造成课下相互交流减少，学员亲近度相对降低。

（二）实践分组淡化了个体特征

受客观条件、实验操作难度等影响，实践课程采用分组形式来完成，实验报告也采用合作方式。最大问题就是同一组学员容易产生"旁观者"，虽然教师在一定程度上可以在课上进行人为评判区分，但是对于共同实验报告难以给出客观准确的区分度。

（三）设计性实验尚未完全实现自由选择

学员在设计性实验的选择中虽然采用了抽签模式，但是受实验仪器及教师监考等条件限制，每个实验选择人数不能超过 10 人，所以根据承训能力的情况尚需对教学班规模做适当调整。

（四）在独立完成信息化测试的监控有待提高

信息化测试，学员在规定时间内自主完成线上测试，而学员生活在一起，难免出现交流等情况，客观上存在不易监控、可信度降低的问题。

六、改进方向

（一）实行"班主任"负责制，增强学员归属感

在后续教学中可适当调整每个班授课教师人数，实行教学"班主任"负责制，既保留专题化教学的优势，又增加学员的归属感。

（二）强化小班教学，提高个体关注程度

根据本学期教学过程交流总结，对于实践类占比较高的课程，15 ～ 20 人教学班教学效率会更高，一方面教师在实验课上可以根据实验内容需求尽可能地做到单人单组，在实验报告上采取单人制，不再按组完成；另一方面可更为有效地关注指导学员的学习操作状态。

（三）加快实验室建设，增强承训能力

实验室建设是长期积累的过程，在充分发挥现有仪器的使用率前提下，加快相关配套设施建设。可从两个方面着手加以改善。一是在 2021 年春季课程教学空窗期，推进实验室建设，增强承训能力；二是组织考核形式上，进一步合理设置考试时间，实现人员分流。

（四）构建网络试题库，增加信息化测试随机性

逐渐制定规范的信息化测试制度，建设网络试题库，丰富测试资源。

参考文献

[1] 顾月琴,涂三广.英国BTEC职教模式的影响及其发展趋势[J].职业技术教育,2017(19):74-79.

[2] 陈芳.英国BTEC职业教育模式探析[J].职业技术教育(教学版),2005(35):115-118.

[3] 蒋芸,周惟公,王亚芳.信息技术在大学物理课程考核中的实践与研究[J.2012(3):16-18.

[4] 谭守标,霍剑青,王晓蒲.计算机虚拟技术在大学物理仿真实验教学系统中的应用[J].中国科学技术大学学报,2005(3):429-433.

[5] 张俊,杨旭,霍剑青,王晓蒲.基于Android的物理实验考试系统的设计与实现[J].电子技术,2013(8):82-85.

[6] 李锦.近代物理实验课程考核方式探索[J].科教文汇,2018(4):59-60.

[7] 卢照,姚青荣.《大学物理》课程新型考核方式的探索[J].教育现代化,2019(5):53-54.

基于"过程导向，能力为本"的课程考核改革研究

秦 岩

陆军工程大学石家庄校区

摘 要："军队基层政治工作"课程是政治理论必修课，是学员掌握政治工作方法、提高政治自觉和实际能力的政治训练课程。但受制于教学学时、教学方法、考核形式及评价标准等因素影响，该课程的考核与检验标准不能发挥有效作用。本文基于能力为本的导向，对该课程传统考核问题和标准做出分析，提出针对性解决措施。

关键词：能力导向；军队基层政治工作；课程考核

贯彻落实新时代方针，思政课程在立德树人职能上要发挥更加重要作用。"军队基层政治工作"课程是学员的一门政治理论必修课，在学员政治工作能力生成和培养上占有重要作用。首先它是夯实学员思想根基的政治理论课程；其次它也是掌握政治工作方法、提高政治自觉和实际能力的政治训练课程；同时它更是破解"水土不服"、增强学员岗位任职能力的综合实践课程。

一、课程考核改革必要性

课程考核工作是教学工作的重要环节，它不仅是衡量教学质量的重要标尺，也对实现人才培养目标，深化院校教学改革具有重要的指向性作用。课程考核体系的改革至关重要，教学大纲、课程考核指标体系、课程考核形式、方法、内容方面要以岗位任职能力、实际操作、形成性考核为主，必须有别于传统考核模式，紧贴实际，立足岗位需求，抓住改革机遇，突破固有模式，培养出胜任未来岗位需求的新型人才。

随着教学内容和课程体系的更新，新的人才培养方案的逐步确立，课程的设置重点最终意在培养学员基层政治工作中解决实际问题能力。但目前考核形式还是轻过程，重课终，在很大程度上限制了教学方法及教学效果的创新和提高，学员毕业后"水土不服"难以胜任岗位需求。针对以上情况，课程组深入基层充分调研，精准对接，摸清基层急需、所需开展政治工作能力，根据现实情况开展课程考核改革，改变传统的考核方式，采取灵活多样的考核方式方法，以更好地培养出适应未来岗位所需人才。按照教学大纲规定并结合岗位实际及教学对象特点，本门课程教学目标明确为：通过教学，帮助学员了解光荣历史和优良传统，掌握政治工作的基本理论，进一步强化生命线意识，培养与岗位相适应的开展政治工作实际能力。归纳起来就是完成知识传授、价值塑造、能力锻炼三个层次的教学目标，最终实现强化"生命线"意识，提高政治自觉和实际能力。基层政治工作课教学根本指向是培养学员开展基层政治工作实际能力。

学员是基层"三个经常性工作"的中坚力量。很多学员入学前已具备对基层开展政治工作的丰富感性认识。另外，职责使命的重大变化对学员的思想政治水平与理论转化能力都提出了更高要求，因此课程组围绕学情和岗位任职需求的变化进行改革，能够在学员感性认识的基础上提升其理性认识并考核其能力转化效果。传统的课程考核形式还是轻过程，重课终，采用的还是期末考试为主的评价模式，在很大程度上限制了教学方法及教学效果的创新和提高。课程教学计划规定考核评价包括形成性考核和终结性考核两部分。其中，形成性考核贯彻"能力为本"的教学及考核目标，按照教学大纲规定的教学内容，结合岗位任职所需的政工能力确定教学重点及能力训练考核重点。终结性考核同样贯彻"能力为本"的教学及考核目标，按照教学大纲规定进行教考分离式的闭卷考试。形成性考核可采取课堂讨论、平时作业、单项能力、综合演练考核等，重点考查学员平时课堂表现、完成作业情况及实践能力水平，占总成绩比重为40%；终结性考核为课终考试，采取闭卷笔试、综合口试答辩等方式，重点考查学员掌握基本理论知识情况和对知识的运用情况，占总成绩比重为

60%。

二、课程考核改革思路

在深入分析"军队基层政治工作"课程特点基础上，积极发挥学员主体作用，大力推动教学改革及考核改革，充分挖掘本课程开展考核改革的有利条件。

课程考核改革总体目标围绕"能力为本"理念，"军队基层政治工作"课程教学根本指向是培养学员开展基层政治工作实际能力，这也是本课程考核的根本目标。考核与教学相统一，必须贯彻能力培养为本的原则，以学员"岗位适用"为导向，着眼于学员愿做、会做、能做，把教、学、练、考有机地统一起来，把能力培养贯穿教学及考核的方方面面。在"能力为本"考核目标牵引下，考核改革思路如下。

一是建立教学相长反馈机制。通过座谈、评教以及调查问卷等方式对教学效果进行评估，使教员及时得到教学效果反馈，并通过教学反思提升教学水平。二是建立全过程激励式考核模式。以考促学，激励学员学习主动性，"全过程"是指注重随课考评、阶段考评、课终考评相结合，"全方位"是指对学员掌握理论知识程度、分析解决问题能力、思想政治表现进行综合评估。三是建立多向互评、量化评价方式。摒弃"一张试卷定终身"的传统考核模式，改变传统考核方式关注考记忆、知识、理论，而是通过能力训练考核、综合演练、方案设计、案例分析、口试答辩等方式实现由考知识向考能力转变。

（一）过程考核和目标考核相结合

随着学员走上任职岗位，将承担越来越多的基层思想政治教育、政治工作等职责。学员们从曾经的"受教者"，变成了如今的"施教者"。当前基层要求指挥员不仅要会组织训练，也要能做好训练中的思想政治工作。从目前的情况来看，大多数学员专业技能比较强，而做思想政治工作的能力则偏弱。围绕毕业学员岗位任职所需政治工作能力考核目标进行梳理和细化："一树立"：牢固树立政治工作是生命线意识；"二强化"：强化政治自觉、强化政治思想的理解认同；"三熟悉"：熟悉基层政治工作的基本内容、基本法规、基本制度，熟悉基层政治工作主要方法的运用要领，熟悉基层政治工作常见问题的思路和基本流程；"四会"：会组织教学讨论、会参与党支部集体领导、会带教转化个别人员、会预防和处理矛盾纠纷；"五能"：能组织开展经常性思想工作、能组织开展群团活动、能组织开展文化活动、能激发调动热情、能组织开展政治工作。

课程考核不只是课堂教学内容的简单重复，考核应该既能体现教育培养目标和课程考核指标的要求，反映出学员政治工作基础知识和基本技能的掌握情况，又能体现出学员所学的不足之处，有利于教员掌握学情，反馈教学效果，进一步培养学员综合运用知识分析问题、解决问题的能力，提高学员职业素养。之前理论考核较多，其他考核形式较少，实操课程缺乏过程性、阶段性的考核。所有课程阶段可根据自身特点、性质，岗位任职要求修改制定考核方案，采取相互补充、相互支持，灵活多样的考核方式，在成绩评定方面结合课终考核与过程性考核相结合，加重过程性、阶段性考核比例，综合评定学员最终成绩。

（二）知识考核和能力考核相结合

形成性考核不仅能够考核学员知识目标，而且还能够充分考核其能力目标，情感、态度与价值观目标，能够全面、系统的考核学员学习过程，能够有效弥补终结性考核时间固定、形式单一、偶然性较大的缺点。同时，也只有严格组织形成性考核，才能使教员将关注人才培养质量的重心同训练实际紧密联系，并认真落实到日常训练、平时塑造、点滴养成上来，使教、学、考时刻紧密融合、相互促进，也便于教员及时发现问题并改进教学策略，确保教学方向不偏、思路正确、举措得力，有效促进学员知识技能由单一具体向全面综合不断转化，培养适应岗位任职的优秀人才。

（三）考核原则与考核方法相结合

具体讲，要坚持三个基本原则：一是坚持分类考核评估。区分不同考评项目，制定不同标准，明确不同重点，在内容上、方法上都要有所区别，防止"一刀切、一把尺子量到底"。二是坚持动态考核评估。要遵循教学规律，跟进学员学习发展，既要把握教学能力考核的具体环节，又要考虑整个教学考核进程，把宏观把握与微观调控有机结合起来，使考核评估融入教学流程。要注重课堂随机考核，根据教学任务及学员思想反应，课堂上采取随机抽点、现场提问的方式，进行跟踪考核。三是坚持量化考核评估。区分不同实际样式、不同考核对象，细化考核内容，明确考核标准，构建数字化评估模型。根据规定和科目，制定信息采集表，全面采集政治工作开展情况，做到行动到哪里，政治工作考核就跟进到哪里，既确保信息采集的准确性，又促进政治工作考评与其他工作的紧密结合。通过应用文书作业、态势复现、信息查询等系统，对政治工作信息进行回放、分析、评判，做到定性与定量相结合，使考核更具科学性和说服力。

三、课程考核改革总结

考核实践中实现由考知识向考能力转变，将岗位任职能力急需的政工能力作为考核的重点。着重考核运用理论解决实际问题能力全过程激励式考核机制。以考促学，注重随课考评、阶段考评、课终考评相结合，对学员掌握理论知识程度、分析解决问题能力、思想政治表现进行综合评估。

（一）强化了考核原则——能力为本

能力是人的一种个性心理特征，是指直接影响活动的效率并使活动得以顺利完成的心理特征。能力总是和人完成一定的活动相联系在一起的，离开了具体活动，人的能力既不能表现出来，也无法得到发展。在哲学研究领域认为：能力是指人确立对象关系和对象化的手段、过程和结果。能力是指向客体对象的人的本质能量。能力的展现与实现是有对象的，客体对象可以是自然物质世界，也可以是精神世界。马克思认为，作为主体的人的能力，实际上是一种社会力量：主体与客体的对象性关系得以建立"取决于对象的性质以及与之相适应的本质力量的性质"；主体活动的产物是"人的本质力量的公开展示"。政治工作能力素质是学员综合能力素质的重要方面，提升学员政治工作能力素质是院校的重要职责。政治工作是生命线，学员要从丰富知识底蕴、学习政治教育、提高党务能力三个方面来增强自身的政治工作能力。同时要围绕需要，加强党史政治工作史学习，既要会做平时的思想工作、组织工作，还要会做政治工作。

以岗位需求为主，深化课程考核体系改革、营造贴近岗位考核。"军队基层政治工作"课程增设政治工作专题考核内容，结合学员毕业综合演练进行实际政治工作能力的考核，锤炼学员把政治工作能力转化为现实素质本领。聚焦实际，注重问题导向、需求牵引，突出岗位需求，将建设、岗位需求侧和能力生成难突破的教学供给侧有机结合。形成性考核以能力训练考核为主，终结性考核也以方案设计题、案例分析题及口试答辩等方式突出对能力的考核。

（二）细化了考核目标——岗位需求

开展教学研究，是贯彻落实思想政治教育、政治工作等职责，正越来越多地由毕业学员承担。从目前的情况来看，大多数毕业学员专业技能比较强，而做思想政治工作的能力则偏弱。可围绕岗位任职所需政治工作能力考核目标进行梳理和细化。

一切从实际、实效出发，对照岗位任职需求，把经常用到和岗位任职最需要用到的课目设置为考核重点，以考促学，从实际角度，检验教学效益。把握岗位特点设置考核内容，依据实践需求设计教学能力训练内容，安排了"政治教育分班讨论""召开党小组会"等更符合基层实际需要的训练课题。正视学员学习基础适当降低标准要求，在终结性闭卷考试中，对部分理论性强的内容在考核上进行了删减和微调。具体形成性考核安排见下图。

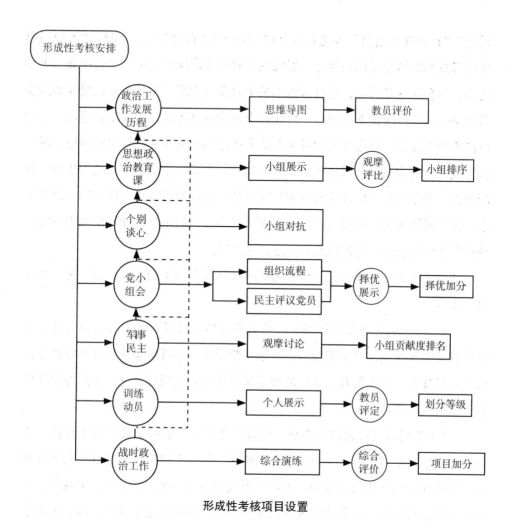

形成性考核项目设置

（三）优化了考核模式——综合评价

摒弃"一张试卷定终身"传统考核模式，构建科学有效的政治素质评价机制。实现由考知识向考能力转变。着眼岗位任职能力实际需求，培养素质过硬、技术精湛、技能全面的优秀人才，如何确保这一人才培养目标的实现？必须通过全面、全系统、全过程把关人才培养质量，需要充分发挥形成性考核这一重要手段！一切从实际、实效出发，对照岗位任职需求，把经常用到和岗位任职最需要用到的课目设置为考核重点，以考促学，检验教学效益。把握岗位特点设置考核内容，依据实践需求设计教学能力训练内容，安排了"政治教育分班讨论""召开党小组会"等更符合基层实际需要的训练课题。考核评价包括形成性考核和终结性考核两部分。形成性考核可采取课堂讨论、平时作业、单项能力、综合演练考核等，重点考查学员平时课堂表现、完成作业情况及实践能力水平，占总成绩比重为40%；终结性考核为课终考试，采取闭卷笔试、综合口试答辩等方式，重点考查学员掌握基本理论知识情况和对知识的运用情况，占总成绩比重为60%。考核项目中对于岗位任职能力急需的政工能力作为考核的重点。着重考核运用理论解决实际问题能力全过程激励式考核机制。以考促学，注重随课考评、阶段考评、课终考评相结合，对学员掌握理论知识程度、分析解决问题能力、思想政治表现进行综合评估。

通过教学改革实践总结，课程考核改革还存在以下的不足，需要进一步改进和提升。

（1）考核的智慧化程度不够。形成性考核需要对每名学员进行考核，并给出具体考核成绩，教学实践中存在学员数量多，不可避免地使得形成性考核的工作量加大、难度提升，考核的数据采集还没有实现智慧化，仍然停留在由教员进行人工统计的状态。

（2）考核的实践化程度不够。结合综合演练开展对学员政治工作能力考核，存在着评估"评什么、由谁评、怎样评"等一系列问题还没有得到系统规范，导致在考核评估的过程中，不可避免地出现定性多、定量少，主观多、客观少，以点带面多、综合评定少等诸多问题，一些考评结果难以客观、公正地反映每名学员的政治工作的真实水平。

（3）考核的规范化程度不够。限于教员授课时间紧、训练任务多、学员数量多、考核内容多等多种因素的影响，当前在实施形成性考核活动还不能够完全得到人员、时间、场地要素的保障。考核一般需要给出具体的考核内容、评价标准、时间要求及注意事项等。当前在组织实施形成性考核过程中，并没有要求像终结性考核那样给出系统、详细的考核题库和评价标准，考核缺乏依据，尽管授课教员制订了较为详细的考核实施方案，但标准不一、良莠不齐，差异化较大，一定程度上影响到形成性考核实施的质量和效果。

参考文献

[1] 曾华锋,夏志和,曾立,等.《新形势下军队政治工作若干问题决定》要点释义[N].解放军报,2015-02-09(06).

突出实践特色的装备类课程多元考核模式探索

段纬然　贾长治　陶凤和　韩　超　刘广生

陆军工程大学石家庄校区

摘　要： 课程考核是课程教学活动中的必要组成部分，是人才培养的重要环节，既能够作为教学全过程的导向，又能检验教学效果是否达成。为贴近实际，装备类课程的考核环节必须满足岗位任职需求。作者分析现有装备课程考核方式存在的问题，探究适应岗位任职需求的考核方法，并在装备技术保障与"火力系统构造"课程中进行了实践，达到了较好的效果。

关键词： 考核方法；装备课程；岗位任职；火力系统构造

课程教学对人才培养过程起着基础性作用，通过教员对课程内容的讲授、学员通过课程获取知识和掌握技能，实现教员对学员的育人工作。在此过程中，学员能否切实掌握和灵活运用所学的课程知识关系着人才培养质量的高低，课程考核是教学过程的重要组成部分，是人才培养的重要环节之一。科学的考核评价模式能激发学员的学习积极性，并调动教员的教学积极性，同时对教学内容、方法、教材改革起到积极的促进作用，有助于学员掌握知识，提高能力素质[1]-[5]。

一、课程基本情况

"火力系统构造"课程中，实践学时占比为60%，是一门典型的实操课程，属于首次任职课程。

（一）课程目标

通过本课程教学，使学员能够掌握火力系统的构造、动作原理、操作使用方法和分解结合技能等内容，为进一步学习后续专业课程奠定理论基础；并能将所学的知识运用于装备的指挥与技术工作，提高装备保障与指挥能力，同时培养学员逐步形成科学严谨的工作作风和勇于创新的实践能力。

（二）课程大纲对考核的规定

考核包括形成性考核和终结性考核两部分。形成性考核采用完成作业、回答问题、课堂讨论、阶段测验等方式，占总成绩比重为 50%；终结性考核采用闭卷笔试等方式。终结性考核不及格的，课程总体成绩为不及格。

（三）课程教学计划对考核的规定

从基本理论与实践操作两方面来综合评价学员的学习效果，采用形成性考核与终结性考核相结合的方式进行考核。形成性考核成绩根据实践操作、平时表现进行评价。实践操作根据对记录的量化分析给分，包括实践科目的组织实施过程、操作正确率、完成时效性、专业素养体现等；平时表现根据听课、作业、讨论等情况进行给分。

终结性考核采取闭卷形式，考试内容主要为基本理论、综合分析等，考核学员对课程内容的理解和掌握。最终成绩采取终结性考试成绩 50%、形成性考核成绩 50% 的量化分布方式。终结性考试不及格的，课程总成绩为不及格。

二、课程考核存在的问题

（一）现有考核方法

在该课程以往的实际考核操作中，主要还是依赖闭卷笔试作为考核的手段和评价尺度，通过卷面成绩来衡量学员对本课程相关知识点掌握情况，而平时成绩主要通过教员日常对学员的观察进行打分。

（二）存在问题弊端

该课程在以往的考核模式存在一些问题，主要体现在如下。

1. 考核方式单一

一方面主要通过课终闭卷笔试作为考核手段和评价尺度，以卷面成绩来衡量学员对本课程知识的掌握情况；另一方面平时成绩没有一定的标准，当学员人数较多时，教员就无法全面客观地了解学员的实际情况，这样给出的分数，主观性比较强，具有一定的随意性，无法真实反映学员的实际表现。

2. 重知识轻能力

课程教学兼顾理论教学与实践教学，但在实际考核中，实践教学的考核却容易被忽视，课终考试仍以卷面理论考试形式为主，侧重考核学员对于知识点的记忆，而对学员综合运用知识的能力、分析实际装备问题的能力、操作动手能力等很少考核。

3. 重结果轻过程

过程性考核尺度不明，学员不重视；缺少实践技能的正规测试。即使安排了实践考核，但只能作为形成性考核的一部分，学员对实践考核的重视程度较低，不能真正发挥其应有作用。

三、考核改革的具体措施

学员面向岗位，需要具备遂行装备运用与保障任务能力。根据专业岗位能力需求，学员通过课程学习，必须掌握火力系统的构造、动作原理、操作使用方法和分解结合技能等内容，为进一步学习后续专业课程奠定理论基础；并能将所学的知识运用于装备的指挥与技术工作，提高装备保障与指挥能力，同时培养学员逐步形成科学严谨的工作作风和勇于创新的专业能力。

为此，为更好发挥课程考核的指挥棒作用，本课程考核上拟在前期教学实践的基础上，摒弃传统的"重知识轻能力、重结果轻过程、考核方式单一"的考核模式，注重学员学习过程的检验和能力素质的锻炼，考核拟分为形成性考核和终结性考核两部分，各占 50%。形成性考核分为基础考核、技能考核和拓展考核，主要考核学员课程学习过程和能力素质养成情况；终结性考核采用闭卷考试和操作考试相结合的方式，主要考核课程基本知识和基本技能。课程全部考核环节如图 1 所示。

（一）形成性考核

形成性考核主要设置了 5 个环节，即课堂表现、作业情况、复习预习、专业技能和课程论文，其中前三个环节属于基础考核，专业技能属于技能考核，课程论文属于拓展考核。形成性考核成绩占总成绩的 50%。

1. 课堂表现

主要考察学员的课堂出勤、回答问题、分组讨论、坐姿坐态和课堂互动情况，占总成绩的 4%。由区队长或各班（组）长根据每天课堂表现，填写课堂表现考核评分表（图 2）给出当天全班成员课堂表现成绩，取课程全过程的平均成绩作为课堂表现，为了防止学员给分过于虚高，因此要求对所有学员表现进行排序，教员根据排序确定学员课堂表现的成绩。此项考核主要靠学员负责完成。

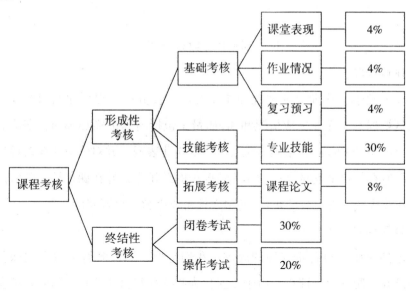

图 1 考核改革方案设计

课堂表现考核评分表

时间：＿＿＿年＿＿月＿＿日＿＿节　　　　　　　考核人（签字）：＿＿＿＿＿＿＿

序号	姓名	学号	课堂表现	分数					成绩
				课堂出勤	回答问题	分组讨论	坐姿坐态	积极互动	

图 2　课堂表现考核评分表

2. 作业情况

主要考察学员作业完成情况和作业质量。教员在课程授课期间留 3 次作业，教员根据每次作业完成情况和 3C 质量（包括内容正确 Correct、字迹清晰 Clear、干净整洁 Clean），给出全班成员当次作业表现，并对学员作业表现进行排序，取所有作业平均排序作为作业情况项的总排序，并在课程结束前依据排序给出作业成绩，占总成绩 4%。此项考核主要靠教员负责完成。

3. 复习预习

考虑到对职业教育重要性的要求，我们选取了职业教育平台上的课程，学员登录并注册学习该课程。由于该课程为我课程组自建课程，因此教员在课程结束前从平台获得学员学习时长、学习进度、作业情况和交流情况等平台数据，并以此对学员表现进行排序，依据排序进行打分，作为复习预习项的成绩，占总成绩 4%。此项考核主要靠职业教育平台数据负责完成。

4. 专业技能

本课程是典型的装备构造课程，因此在每个部组件或教学模块后会安排相应的训练实践环节，各班（组）长根据班（组）内成员的训练环节的表现情况，即工具使用、操作熟练、动作规范、专业素养、吃苦精神、爱装管装等指标，设置专业技能考核评分表（见图3），给出相应排序，班（组）间也可由教员不定期安排班(组)间互评，课程结束前，取学员的平均排序作为专业技能表现，教员依据排序给出专业技能成绩，为了突出装备课程中操作训练的重要性，该成绩占总成绩30%。此项考核主要靠学员负责完成。

5. 课程论文

本环节为拓展环节，主要督促学员依托本课程，开展一些对本课程内容或相关内容的自我学习和思考能力。课程结束前1周，学员提交课程论文，教员组织论文答辩，根据学员论文答辩情况和论文质量（包括论文选题、结构、内容、文字表达4项评价指标），给出论文表现排序，教员依据排序给出相应成绩，占总成绩8%。此项考核主要靠教员负责完成。

专业技能考核评分表

时间：＿＿年＿＿月＿＿日＿＿节　　　　　　　　　　教员（签字）：＿＿＿＿＿

序号	姓名	学号	专业技能表现	分数						成绩
				工具准备	操作熟练	动作规范	专业素养	吃苦精神	爱装管装	

图 3　专业技能考核评分表

（二）终结性考核

为改变一张试卷定成绩的情况，终结性考核除闭卷考试外，还设置了操作考试，共占总成绩50%。同时，为和教学大纲要求一致，要求终结性考核不合格，总成绩记为不合格。为保证终结性考核公平性，终结性考核全部由教员负责完成。

1. 闭卷考试

和现行要求一致，采用试卷库随机抽取1套试题，统一组织闭卷考试，考试时间为 2 课时，教员采用网上阅卷形式给出卷面成绩，占总成绩 30%。

2. 操作考试

操作考试分为单人课目和集体课目。

（1）单人课目。考试前，每名学员从 3 个题目中，抽取 1 道试题，作为学员单人操作试题，教员根据学员操作过程的表现，给出相应排序。

（2）集体课目。增加了集体课目，目的是锻炼学员在装备保障过程中的指挥能力和团队协作精神。学员以建制班为单位，按照编制序列轮流进行转换操作，班内由班长根据个人表现给出班内排序，班与班之间由教员根据集体表现给出班级排序。

教员根据个人课目表现和集体课目表现给出所有人的操作考试排序，依据排序给出相应成绩，由于操作训练在形成性考核中已经做了重点考察（30%），因此终结性考核的操作考试成绩占总成绩 20%，这样总的训练操作成绩实际占总成绩 50%，突出了装备课程实践性强的特点。

四、考核改革的成果

通过对考核方式进行改革，初步取得了以下成果。

（一）建立了综合性、合理性、过程性、多样性的考核方式

考核方式向"能力 + 素质"的考核方式转变，使课程考核贯穿于学习的整个阶段，同时丰富了课程考核内容。针对各项考核内容，制定了详细且操作性强的评分细则，设置了合理的评分权重，使评价结果更加科学合理，考核目标与人才培养目标也更加适应。

（二）建立了突出装备实践课程特色的考核方式

考核方式加大了装备实操的考核频次和比例，形成性考核的专业技能注重考查学员的装备技能和装备素养；终结性考核的操作考试重点突出学员承受考核压力下的装备操作能力，锻炼学员面对困难解决问题的综合能力。

（三）建立了提高学员课程学习主动性的考核方式

考核注重激发学员个性化和创新性思维，充分调动课程学习的自主性和创造性，促进学员深入思考，提高知识技能运用和解决复杂问题的能力。引入课程论文及答辩考核环节，学员查找文献、撰写论文、制作汇报 PPT、准备答辩相关问题等，锻炼了学员分工协作能力、创新思维能力及应变表达能力。

五、考核改革的初步效果

（一）形成性课程考核方式多样化，提高了学员学习积极性

课堂表现督促学员按时出勤，积极回答问题，提升了课堂氛围；课后作业督促学员认真听讲、整理授课内容，提升了课后复习效果；复习预习督促学员在课后主动学习、预先学习，缓解了课程内容多与课时不足之间的矛盾；操作技能加强了实践环节在课程中的地位，激发了学员动手操作的动力；课程论文使学员围绕装备火力系统的结构规律、典型机构、技术发展、勤务特点等课程相关内容，主动查阅相关资料，锻炼学员的自主学习能力。多样化的形成性考核，使得考核贯穿于整个课程学习阶段，促使了学员去主动学习。

（二）发挥各项考核方式的长处，增强课程考核的全面性和合理性

形成性考核中，课堂表现考察课堂的基本情况，课后作业体现重点课程知识的掌握情况，复习预习考查学员主动学习课程相关内容的情况，专业技能促进装备实践环节的参与度，课程论文拓展了课程的外延和内涵。终结性考核中，闭卷考试能考查学员对全课程的知识和理论部分的理解和掌握情况，操作考试考查学员对装备操作技能和装备素养的养成。丰富课程考核内容，既考基本知识和技能，又考知识技能运用和解决复杂问题的能力，使课程考核更加全面、专业和科学合理。

（三）降低闭卷考试的比重，减轻学员的复习考试压力

通过课程考核改革，闭卷考试的成绩比重降低到总成绩的30%，且终结性考核不限于闭卷考试，还增加了操作考试。一方面，课程考核更加注重过程性考核，贯穿于整个教学过程中，可有效改善学员考前临时抱佛脚的现象，对学员的日常学习起到了很好的督促与激励作用，使学员更加注重平时的学习积累，不停地"温故而知新"，加强了对课程知识的融会贯通。另一方面，针对

大纲课程中终结性考核不及格则总成绩不及格的规定对学员造成的考试压力，终结性考核采用闭卷考试和操作考试相结合的方式，降低了学员的心理压力。因此，新的课程考核方式减轻了学员课终考试复习的压力，解决了"考前突击、考完易忘"的问题，同时也引导学员有意识的转变成"注重平时""收获技能"，树立了正确的学风、考风观念，更好地以考促学，以考促教，提升教学质量。

（四）教学质量得到了提高，学员综合能力得到提升

考核注重学员学习全过程，突出对学员实践技能、重要能力、创新能力的考核，引导学员重视学习的各个环节，注重学习的实际效果。同时，在教学全过程中，教员可以在教学过程中发现学员对每个知识点的掌握情况，并及时发现不同学员的特点，做到因材施教。通过了解学员对知识掌握程度的把握，做到有的放矢。因此教学质量得到了明显提高。学员各项能力反复得到锻炼，培养了学员的综合能力素质，对提高学员的第一岗位任职能力有重要意义。

六、存在的问题

（一）部分考核依靠学员，难以保证公平

在本次考核改革中，为了使教员能够集中精力进行授课，课堂表现和专业技能等考核方式主要依靠学员骨干对学员表现进行打分，以降低授课教员的工作强度，避免分散精力。但学员提供的形成性考核过程材料不够齐全，课堂表现和专业技能混淆在一起打分，区分度没有预期的理想，同时学员考学员的方式，难免存在学员之间的感情分、人情分，存在不够公平的隐患。

（二）部分考核占用时间过长导致课程授课与教学计划不一致

本次考核中，形成性考核的课程论文答辩环节、终结性考核的操作考试，都占用了课程授课时间，这与课程教学计划的时间安排不一致。如果这些考核都放在课堂授课以外，会占用学员大量业余时间，给学员造成负担。

（三）考核中的课程思政内容不够突出

虽然在课程考核的装备操作考核过程中，考查了学员的基本装备素养，如

吃苦精神、零件工具摆放、操作过程中的爱护装备等，但总体来讲考核过程体现并不明显。

（四）复习预习所需要的在线学习条件还不太完备

本次考核的方案中，复习预习需要学员在职业教育平台上注册课程并学习，但学员反映受制于条件，学员上网比较困难，现有条件下该部分考核的推广性较差。

七、改进建议

针对前面存在的相关问题，考虑进行如下改进。

（1）加强形成性考核过程材料收集，将易混淆的课堂表现和专业技能整合，增加辅导教员负责课堂表现和专业技能的考核，为降低工作量，可以降低采样样本数量，随机选择3～5次课进行考核，以此提高考核的公正性和公平性。

（2）排课表时设置部分答疑课，利用课程答疑时间，开展占用时间较大的课程考核内容，避免占用学员过多课余时间，同时保证了课堂授课与教学计划相一致。

（3）在教学中加强课程思政元素使用，充分发挥课堂教学地位，同时除现有的专业技能和操作考试等考核过程考查学员爱装护装和吃苦精神等内容外，可以结合课程论文进行专题考核。

（4）建议加大信息化教学条件建设，方便学员在宿舍使用电脑，既可满足本课程考核方案中复习预习考核内容的需求，也有利于在疫情形势复杂多变情况下为学员提供多样化的学习条件，并能够满足其他课程在课程改造中的混合式教学需求。

参考文献

[1] 胡益波,王志铮,等.高校课程考试改革初探[J].高教论坛,2005(5):43-44.

[2] 田广,邵新杰,刘金华,等.装备类课程考核与军校学员能力培养研究[J].职业

时空,2013,9(9):61-63.

[3] 董银文,等.军校任职教育课程考核制度改革探讨[J].继续教育,2015(3):25-27.

[4] 闫云斌,等.基于岗位需求的装备类课程考核方法研究[J].高师理科学刊,2019,39(3):93-95.

[5] 徐东辉,等.军官技术基础类课程考核模式创新研究与实践[J].教育现代化,2017,(17):11-12.

混合式和实战化教学背景下的课程
多元化考核改革研究

刘　杰　周　冰　王元铂　应家驹　曾春花

陆军工程大学石家庄校区

摘　要：为进一步深化课程教学改革和提升育人质量，以"夜视技术与装备"课程考核改革的必要性分析为切入点，介绍多元化课程考核改革基本思路，围绕课程考核改革方案制定、形成性考核改革、终结性考核改革等环节介绍改革举措并开展详细深入的考核分析，在此基础上归纳总结出课程考核改革经验成果。从改革成效来看，此次多元化课程考核改革效果显著，有效提升了课程教学质量。

关键词：课程考核改革；混合式教学；实战化教学

课程考核作为检验教师授课质量和效果，以及评价学员专业知识和技能水平等学习成效的重要方法，既是高质量课程建设的重要推手，又是影响高水平人才培养的关键因素。科学合理的考核方式对教师与学员双方均具有显著的导向和促进作用，不仅能有效调动学员学习的积极性和主动性，而且能够向教师反馈教学中存在的问题，帮助教师总结经验，改进教学活动，从而进一步提高人才培养质量[1-3]。

一、课程考核改革的必要性

"夜视技术与装备"是一门必修考试课程。课程旨在使学员掌握夜视原理、技术以及夜视装备构造、运用与技术勤务等知识，课程总学时为70学时，其中理论36学时，实践34学时，是一门理论与实践并重的专业核心课程。

近几年来，为了进一步提升课程育人质量，课程组从思政教育融合、混合式教学模式等多维度组织开展了系列教学改革活动，课程教学效果得到显著提升。为在此基础上进一步深化教学改革，以课程考核改革为着力点，积极发挥"以考促教、以考促学"的引领作用，通过优化课程考核方案、创新课程考核模式等多元形式，解决当前课程教改过程中的痛点和难点，立足教、学双方持续推动课程教学改革，确保改革工作落到实处。

二、多元化课程考核改革基本思路

紧扣"以考促教、以考促学"考核改革基本思路，聚焦有效检验和促进教学目标达成，探索混合式教学和任务驱动式教学模式下的多元考核新方法，持续深化全过程精细化考核改革，优化终结性考核理论试题内容与评分标准，完善教学相长新机制，转变学员学习角色，增强专业综合素质，促进能力生成，进而为学员今后的岗位任职奠定良好的基础。

三、课程考核改革的组织实施与考核分析

课程考核改革依托 2021 年春季学期授课展开，授课对象为 2018 级本科学员。改革具体措施与分析如下。

（一）课程考核改革方案制定

课程考核注重发挥以考促教、以考促学的"指挥棒"作用，主要包括形成性考核和终结性考核两部分，具体占比如图 1 所示。形成性考核主要包括课程参与度、作业完成、MOOC 学习、雨课堂阶段测试以及装备素养等，占总成绩比重为 30%。其中，课程参与度，考查学员课堂问题回答、互动交流以及实装训练表现等，占总成绩比重为 6%；作业完成，考查学员课后作业完成与质量情况，占总成绩比重为 6%；MOOC 学习，考查学员 MOOC 线上自主学习完成情况，占总成绩比重为 6%；雨课堂阶段测试，考查学员课程阶段性学习效果，占总成绩比重为 6%；装备素养，考查学员的夜视装备小组任务完成情况，占总成绩比重为 6%；终结性考核主要指依托试题库开展的课终考核，占

总成绩比重为70%，采取闭卷笔试方式。

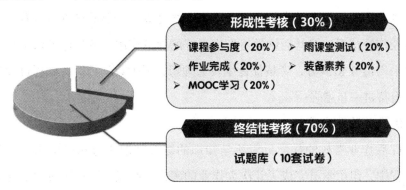

图1 课程考核方案示意图

（二）课程考核改革宣贯交流

学员是教学过程的主体，因此开课前向学员介绍教学、考核改革思路并及时了解学员学习状态与需求是十分必要的。本课程开课之前，课程组及时召开了包括学员、管理干部和教师在内的三方教学联系会。教师在介绍课程基本情况的基础上，重点向学员提出教改和课程考核改革背景下课程学习要求，并及时聆听学员以及管理干部的需求和建议，最终达成一致的三方教学实施共识，为后续顺利开展课程教学奠定了基础。

（三）形成性考核与分析

1. 混合式教学模式下的 MOOC 自主学习

作为开展线上线下混合式教学的重要环节，课前 MOOC 自主学习十分重要。根据课程教学内容，本次教学安排了 6 次 MOOC 学习，并从笔记完成和重难点梳理等方面给出学员的综合得分。从考核结果来看，80分以上的占大多数，平均分也达到了81.3，说明学员整体学习效果较为理想，绝大多数学员笔记清晰完整，对于重难点有明确的梳理。但是，部分学员在 MOOC 学习过程中针对学习专题的深层次挖掘能力有待进一步提升。

2. "雨课堂"平台下的课堂和阶段教学测评

开展课堂和阶段教学测评是检验课程教学目标达成度的有效手段。本课程教学过程中，依托"雨课堂"平台进行了 7 次随堂测验和 2 次重要教学节点测试。本课程依托"雨课堂"平台发布的测试题型为选择题，侧重于考查学员在学习进程中对知识点的掌握程度。随堂测试完成后，学员可以延时看到标准答案以及作答情况，对其后续学习形成很好的促进作用。从整体考核结果来看，全班平均得分 81.9 分，考核优良率较为理想，但少数学员对待课程过程学习的观念有待进一步增强。

3. 课后作业完成

课后作业考核的是学员对所学知识的综合掌握能力和运用能力。课程教学过程中，组织学员完成了几次大作业的考核，涵盖了课程学习的主要知识模块。从考核结果来看，全班平均分为 86.6 分，整体完成情况较为理想，但也反映出少数学员课后知识点归纳与复习仍不够扎实。

4. 课程参与度评价

教师根据学员课堂问题回答、互动交流、课程思政感悟撰写以及实装训练表现等给出得分。其中，全体学员结合课程各思政模块，自主选择专题，认真撰写了课程思政感悟并完成提交，效果较好。课程参与度评价环节，全班平均分为 82.7 分，也从侧面反映了该班次学习氛围较好的现状。

5. 装备素养考核

本课程装备教学占比较大，且对后续课程支撑地位十分重要，因此必须在课程教学中及时掌握学员对装备的科学认知以及运用能力，以利于开展针对性的增强与提升。结合课程装备构造教学特点以及教学改革实际，前者考核学员对装备本身技术状态和操作使用的掌握情况，后者考核学员对夜视装备的综合运用能力。

夜视装备实操考核环节，学员根据教师临场下达的考核指令完成装备实操考核内容，教师根据完成时间、操作规范程度以及任务完成质量等给出得分。

小组任务考核环节，学员按照分组抽取考核科目，开展任务实施。教师根据学员任务完成情况以及任务完成时间等评分点，给出小组成员得分。得分包括基础分和贡献分，小组内成员基础分均相同，有助于提升学员团结协作能力；贡献分依据各成员任务贡献度给出，鼓励学员积极参训并解决任务难题。

本次装备素养考核，学员的综合考核平均分为 82.7 分，反映出学员具备了较好的装备操作和运用能力，但是在临机应变能力以及操作规范性等方面需要进一步增强。

（四）终结性考核与分析

终结性考核成绩占总成绩的 70%，采用闭卷考试，卷面总分为 100 分，考试前从题库试卷中随机抽取。考试题型主要包括填空题、判断题、简答题、计算题和论述题，适宜在 80 分钟到 100 分钟内作答，试题可以全面客观反映学员对课程核心知识点的掌握情况。尤其是在此次考核改革中，课程组弱化了传统记忆性知识的考核，注重考查学员分析、解决实际问题的能力，试题内容灵活多样，因此需要学员对本课程的重难点具有深层次的认识，方能取得优异的成绩。

四、课程考核改革经验成果

（一）着眼全过程精细化考核，积极发挥"以考促教、以考促学"指挥棒作用

本课程具有学时较长、知识点较多以及理论实践教学并重的特点。为了全过程监督学员学习状况和评估学员学习效果，课程组以形成性考核为基本框架，细化各考核单元要点和所占比重，在开课前向学员进行预告，积极营造出"以考促教、以考促学"的学习氛围。在实施过程中，教师全过程把控考核节点，认真组织学员完成各节点考核，并将考核结果在终结性考核前向全体学员公示，努力构建一套公平公正、导向鲜明的全过程精细化形成性考核体系。

（二）创新课程考核方法手段，完善课程教学相长新机制

为引导学员开展课前、中、后自主学习和及时掌握学员课堂学习效果，课程组结合混合式教学模式改革实际，制定了"四个检查"学习效果检验策略，即通过课前的预习笔记检查学员 MOOC 学习以及预习情况、通过课上的教学互动检查学员课前自主学习情况、通过课上最后五分钟的"雨课堂"在线测试检查学员核心知识点的掌握情况、通过课后作业完成情况全面检查学员课程学习

效果，上述考查结果全部纳入形成性考核范畴。基于以上检验策略，教师一旦从中发现存在共性问题，随即通过作业讲评、群内答疑、课后辅导等形式协助学员解决遗留学习问题，并及时进行教学反思，提出今后的教学改进措施。

（三）聚焦综合运用能力检验，提升教学效果

为全面提升学员夜视装备综合运用能力，课程组在单装教学基础上将任务驱动教学法引入到夜视装备教学中，以具体任务为牵引，充分调动学员学习装备的主观能动性，形成一种"在任务中学装备"的操作实践教学模式。为了全面检验学员装备学习效果，课程组采取实装操作和小组任务实施相结合的考核模式，依托形成性考核模块完成。该考核模式不仅可以检验学员实装操作情况，而且可以准确评估学员在特定任务环境下的装备综合运用能力，从而有效促进今后课程教学改革。

（四）优化终结性考核理论试题内容和评分标准，多维度检验学员知识综合运用能力

为检验学员利用所学知识分析与解决课程相关知识的综合能力，课程组立足现有试题库开展考核试题改革，改变"书本位"和"突击记忆"等传统课程复习模式，着手提升考核试题的综合性和灵活性，从知识掌握宽度、核心内容学习高度以及装备知识综合运用等方面科学设置考题和评分标准，力争通过终结性理论考核多维度检验学员知识积累和能力提升情况，进一步促进学员把课程知识学活、学精，从而逐步形成教师教学改革和学员学习变革的"同频共振"新模式。

五、课程考核改革成效

（一）探索形成了"理论＋实践"类课程考核新模式

经过一个学期的考核改革试点建设，结合课程"理论＋实践"教学内容特点，构建了一套相对完善、科学合理的课程考核体系，并逐步推广运用到同类型课程考核中。

（二）引导学员逐步形成了良好的学习习惯

借助全过程精细化考核模式，学员将自觉养成课前主动预习、课堂认真学习和课后全面复习的良好学习习惯，并且逐步形成"提出问题、分析问题、解决问题"的学习思维模式，为今后岗位任职奠定有益的基础。

（三）引领学员逐步塑造正确价值观

借助课程思政教学效果检验方法，督促学员主动思考、主动作为，在潜移默化中逐步形成正确价值引领，积极投身现代化建设。

（四）进一步提升了学员装备综合运用能力

借助实装操作和小组任务实施相结合的考核模式，倒逼学员改变现有"不愿动手干、动手干什么"的装备学习惯性思维，主动学习装备，主动研究训法，提升装备综合运用能力。

（五）完善了课程教学相长新机制

通过科学合理的课程考核体系构建，教师可以通过大量考核数据综合研判学员学习状况并提供针对性的辅导，学员可以通过各节点考核结果查漏补缺并同教师探讨难点问题，从而逐步形成动态良性的教学互动关系，增强课程教学效果。

参考文献

[1] 金梦洁,段继红.国家一流本科专业建设背景下物流管理专业课程考核方式改革与创新探索[J].物流工程与管理,2021(10):166-168.

[2] 刘建平,贾致荣.混合式教学课程考核方式改革研究[J].中国现代教育装备,2017(11):42-44.

[3] 邓淼磊.基于OBE教育理念的课程考核模式改革思考[J].教育教学论坛,2019(3):107-108.

面向信息网络效能保障能力生成的指控装备类课程考核改革模式研究

孙慧贤　郭宝锋　李　擎　陶　杰　尹文龙

陆军工程大学石家庄校区

摘　要： 针对装备维修保障模式转型后带来的信息系统装备保障能力的新需求，明确了指控装备类课程突出网络化系统效能保障能力导向和强化系统级技能综合运用能力形成的教学改革方向，结合指控装备多节点分布式特点，设计了一种以规范化实践操作为主的形成性考核模式，形成了一套完整的课程考核改革方案，并在实际教学中进行了应用。考核改革实践结果表明，改革后的形成性考核提高了教学反馈信息的及时性，教学内容和方式更加优化，考核的组织和实施更加规范有效，学员强化知识与技能综合运用能力效果明显。

关键词： 指控装备；课程考核；能力导向

一、引言

指控装备作为网络信息体系的核心组成部分，是支撑网络信息体系正常运转的重要基础。近年来指控装备保障人才的需求更加迫切。前期教学中，课程以典型指控装备原理与构造为主要内容，偏重装备硬件维修保障，对网络信息体系构建及系统级维修保障方法覆盖不足。当前，面向网络信息体系效能保障需求，特别是岗位任职需要，对现有指控装备保障类课程考核，乃至人才培养，提出了两个紧迫需求。

一是面向网络信息系统效能提升，需要突出网络化系统效能保障能力导向。

网络信息体系能力生成需要装备实现全系统通信网络畅通、高效数据分析与决策等。指控装备是网络信息体系正常运转的重要支撑。传统以单个型号系统及设备为主的教学及考核模式，不能满足网络信息系统效能保障对人才的需求。

二是面向指控装备保障岗位需求，需要强化系统级技能综合运用能力的形成。

前期"指控装备原理与构造"课程的教学以及考核内容中对全网络、全系统、全信息流装备体系架构及保障方法覆盖不足，需要进一步针对指控装备保障岗位能力需求进行调整。

二、本课程领域考核现状分析

（一）现状及问题

通过查阅文献、兄弟院校调研等方式，了解本领域课程考核的现状。总体上看，专业课程考核都采用形成性考核与终结性考核相结合的方式进行，多数课程的形成性考核成绩依据学员完成作业情况、课上听讲情况、实践操作情况等评定，而终结性考核成绩则以理论闭卷考试成绩为准。

现有的考核模式存在的问题如下：

（1）实践操作的内容点多面广，内容没有体系化设计，评分没有明确标准，难以准确评估学员对知识的掌握程度和运用水平。

（2）以听课、作业、讨论为主的平时表现基本上流于形式，平时成绩区分度低，较难反映学员课程学习情况的差别。

（3）侧重于考查书本知识的期末考试成绩往往成为评价课程学习效果的唯一依据。这极易将课程学习目的导向为"只求课终考个好成绩"，而忽略过程性学习和自身能力素质的锻炼与提升。

（4）通过考核获取教学反馈信息滞后，来自听课、作业、操作表现、实践报告的反馈信息在多维性、真实性和差异性方面存在缺失，而来自课终考试的反馈信息，则因课程教学活动已经结束，基本上失去了实时性和针对性的指导作用。

（二）课程考核改革发展趋势

近年来，高校都高度重视课程考核改革，院校相关专业教员都针对课程考核提出了新的思路，开展新模式考核的探索与实践。对近期本课程领域考核改革的文献及做法进行归纳总结发现，课程考核改革发展的主要趋势为考核方式多样化、考核标准弹性化、考核过程互动化、成绩评判全程化。

三、考核改革的基本思路

针对课程考核改革的背景与需求，面向指控装备保障岗位，从以下几个方面进行考核改革。

（一）构建规范化实装操作实践考核体系

从指控装备特点及使用模式出发，设置形成性考核分层体系。设备级考核侧重考核学员对单体设备原理与构造、设备操作使用方法的掌握；侧重考核学员对整车的构造、工作原理、参数配置方法的掌握；侧重考核学员组网设备连接关系、信号流程、组网通信实践的掌握；侧重考核学员对信息网络构成、系统软件基本操作、指控网络规划。

针对上述四个层级的形成性考核，以操作方式为主，设置考核题，明确评分标准和考核组织方法。将原有的"检验基本知识、基本技能为主"的考核方式，转变为以"强化知识、技能综合运用能力"的考核方式。

（二）突出网络规划与组网实践考核

从信息网络的使用与保障需求出发，紧贴岗位和保障实际，在考核中增加指控信息网络规划与组网操作实践考核内容，增强学员全网络全系统理解以及系统观的应用，同时在组网操作中引入简单故障处置内容，增加考核的挑战度和深度。引导学员将学习方式由"理论知识抽象理解"向"面向应用实际解决问题"转变，培养学员运用课程相关知识、技能解决装备运用与保障中的复杂问题的能力。

（三）考核时机与课程教学内容相结合

本课程教学内容采用模块化设计，按照设备级、系统级分层专题模块进行教学，在组织形成性考核时，每个专题模块结束后进行一次形成性考核。通过考核及时反馈学员学习情况，以便在后续教学中进行相应调整。

四、考核改革方案

（一）考核内容设计

课程采用形成性考核和终结性考核相结合的考核方式，从基本理论与实践操作两方面来综合考评学员的学习效果。

1.总体设计

依据本次考核改革示范课立项，在"指控装备构造"课程考核中，共计设置4次实践类考核，1次理论考核，其中，形成性考核占比50%，采用实践考核方式进行；终结性考核占比50%，采用闭卷理论考核方式进行。以2020年秋季学期该课程考核为例，具体情况如表1所示。

表1　课程考核计划一览表

序号	考核类型	考核内容	考核时机	考核方式	成绩占比	能力导向
1	形成性考核一	设备参数重置与加载操作实践	在单体设备教学内容结束后2周内进行	实践考核	10%	形成指控系统主要单体设备使用与技术保障能力
2	形成性考核二	系统参数配置实践	在通信网络教学内容结束后2周内进行	实践考核	15%	形成配置使用与技术保障能力
3	形成性考核三	典型指控系统组网操作实践（含故障处置）	在组网操作实践教学内容结束后2周内	实践考核	15%	形成组网运用与技术保障能力
4	形成性考核四	指控信息网络规划实践	全部教学内容结束后2周内	实践考核	10%	形成指控信息网络规划实践能力
5	终结性考核	基础理论与综合应用内容考核	结课后2周内	理论考核	50%	形成装备学习与分析能力

依据教学进程的实际情况，设置四次实践类考核，采用基于实装的设备操作实践、参数规划实践、组网操作实践方式，考核学员对所学知识、技能的运用能力。考核内容包括单体设备级、节点系统级、多节点系统级等层级，覆盖教学大纲和课程教学计划所规划的主要教学内容。以实践为主的形成性考核方式与能力导向如图1所示。

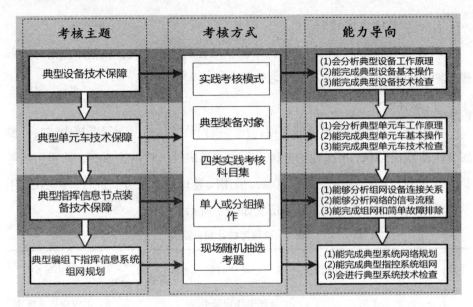

图1　以实践为主的形成性考核方式与能力导向

2.形成性考核一

（1）考核目的。考核目的是检验学员对单体设备原理与构造内容的学习效果，促进学员学会分析典型设备工作原理，掌握完成典型设备基本操作和技术检查的方法，形成单体设备的操作使用、维护的基本能力。

（2）考核内容。考核的主要内容为设备参数重置与加载操作实践，以网络设备、通信设备等核心设备操作为主，选择3～5个型号设备，涉及的操作为考核内容。

（3）考核时间。在单体设备类教学内容结束后2周内进行。

（4）考核方式。以典型装备为操作对象，选取核心单体设备，设置3～5

份设备参数重置与加载操作的考核题及得分标准。组织学员进行操作实践考核，学员随机抽选考核题，并在规定时间内完成。考核教员现场依据操作记录给定分数，并对操作过程进行点评，指出需要改进完善的地方。

（5）评分标准。考核总分为100分，设备开机、关机操作占20分，参数设置关键操作占60分，操作用时占20分。

3. 形成性考核二

（1）考核目的。考核的目的是检验学员对构造与原理内容的学习效果，促进学员学会分析工作原理，掌握完成基本操作和技术检查的方法，形成对操作使用、维护的基本能力。

（2）考核内容。考核的主要内容为系统参数配置实践，以教学主训操作为主，考核在给定信息保障计划相关内容条件下的参数配置。

（3）考核时间。在单体设备类教学内容结束后2周内进行。

（4）考核方式。在给定信息保障计划相关内容条件下，设置2～3份系统参数配置实践的考核题及得分标准。组织学员进行操作实践考核，学员随机抽选考核题，并在规定时间内完成。在考核现场，教员依据操作记录给定分数，并对操作过程进行点评，指出需要改进完善的地方。

（5）考核题目与得分标准。考核总分为100分，设备开机、关机操作方法占10分，席位计算机、交换（路由）设备、传输设备等参数配置操作占70分，操作用时占20分。

4. 形成性考核三

（1）考核目的。考核的目的是检验学员对原理与构造内容的学习效果，促进学员学会分析组网设备连接关系、网络的信号流程，掌握完成组网方法和简单故障的排除方法。

（2）考核内容。考核的主要内容为组网操作实践（含故障处置），基于有线、无线方式下不同方式组网参数规划与操作实践设置考核题。

（3）考核时间。在组网操作实践教学内容结束后2周内。

（4）考核方式。以系统组网操作为主，设置考核题及得分标准。组织学员进行操作实践考核，学员随机抽选考核题，并在规定时间内完成。在考核现场，教员依据操作记录给定分数，并对操作过程进行点评，指出需要改进完善的地方。

（5）考核题目与得分标准。考核总分为100分，设备开机、关机操作方法占10分，网络参数规划占30分，参数设置关键操作占20分，故障处置占20分，操作用时占20分。

5. 形成性考核四

（1）考核目的。考核的目的是检验学员对信息网络规划方法的学习效果，信息网络规划实践考核方式，突出技术保障能力形成导向，促进学员掌握完成网络规划、指控系统组网、典型系统技术检查方法。

（2）考核内容。考核的主要内容为信息网络规划实践，具体包括依据电话号码规划、路由规划、无线网络规划、有线网络规划等。

（3）考核时间。全部教学内容结束后2周内进行。

（4）考核方式。设置关于全系统网络规划考核题2套。组织学员进行操作实践考核，学员随机抽选考核题，并在规定时间内完成。在考核现场，教员依据操作记录给定分数，并对操作过程进行点评，指出需要改进完善的地方。

（5）考核题目与得分标准。考核总分为100分，席位IP地址规划占20分、路由规划占20分、电话号码规划占20分、无线网络规划占20分、有线网络规划占20分。

6. 终结性考核

（1）考核目的。考核目的是检验学员对整门课程基本理论、综合应用方法的理解和掌握情况。

（2）考核内容。考核的主要内容为基础理论与综合应用内容考核。

（3）考核时间。全部教学内容结束后2周内进行。

（4）考核方式。闭卷笔试方式，题目以教学大纲和课程教学计划所规划的主要教学内容为主。

（5）考核题目与得分标准。本课程试题库已启用，从试题库中随机选择试题。

五、考核应用成效分析

本文所述的考核模式已在 2 个班次教学中应用，取得了较为明显的教学效果，具体表现如下：

（一）引导学员强化知识与技能综合运用能力效果明显

原有的"指控装备构造"课程的终结性考核方式均以理论考核为主，通过闭卷笔试进行。指控装备保障类课程性质和特点决定了传统单一的笔试考核方式为主的考核方式不利于人才培养。

新的考核模式加大了实践考核比例，从单体设备、单元车、单节点系统、多节点系统四个层次设置实践考核内容；紧贴运用，将信息网络规划实践、组网操作实践等作为考核重点；采用实装操作方式实施考核。

在应用新的考核方式"指挥棒"指引下，学员主动学习装备构造与工作原理、操作使用方法、技术检查与维护方法，引导学员将所学内容和技能向装备综合运用与维修保障转化、应用。

（二）考核的组织和实施更加规范有效

原有课程的形成性考核依平时实装操作实践情况为主，缺少规范化的考核模式。课程形成性考核的内容依据教学模块内容的对应操作实践情况为主，没有体系化设计。

在此次考核模式中，依据本课程的考核计划，设计了 12 个实践操作考核科目及相应的实践考核记录卡，明确了考核内容、考核要求、评分标准。在考核组织中，由主考教员和辅助教员共同组织，形成了一套主辅协作、分工明确、组织严密的组织形式和实施方式。主讲教员在确定考核内容、考核标准和考核方式方面起主导作用。辅助教员完成考核记录、辅助评判和组织考核。避免了一人单独组织和实施考核可能出现的评判主观片面、送人情分、误判等不良现象。

（三）形成性考核提高了教学反馈信息的及时性，教学内容和方式持续优化

通过形成性考核获得的教学反馈信息是检测教学效果和指导教学活动的重要依据。原先来自听课、作业、操作表现、实践报告的反馈信息在多维性、真实性和差异性方面存在缺失，而来自课终考试的反馈信息，则因课程教学活动已经结束，基本上失去了实时性和针对性的指导作用。依据课程教学内容层次化、模块化的特点，在组织形成性考核时，每个专题模块结束后进行一次形成性考核。通过考核及时反馈学员学习情况，以便在后续教学中进行相应调整。

形成性考核对教学内容和教学方式的优化产生了明显的倒逼作用。一方面，教员针对体系化课程考核模式，结合岗位需求和学员能力培养目标，需要对教学内容、教学进度进行体系化设计，理论课讲授、课堂实践操作内容需要覆盖考核内容。这势必增大了教员的教学投入，督促其对授课内容进行深度挖掘和广度拓展。

另一方面，教员需要体系化设计实践考核题，引导学员综合运用所学知识、技能，解决运用与保障中的问题。同时，通过阶段性的形成性考核情况反馈，优化教学内容和方式方法，达到以考促教、教有所长的目的。

参考文献

[1] 刘娅,周龙.高校课程考核评价方式改革探索与实践[J].教育教学论坛,2017(28).

[2] 李红英.对标金课标准的"土木工程材料"课程改造探索[J].高等教育研究学报,2020(3).

[3] 左娟,刘静,贾杰.《军队管理学基础理论》课程考核改革的实践与思考[J].高等教育研究学报,2012(3).

[4] 董银文,万銮,王春来,等.军校任职教育课程考核制度改革探讨[J].继续教育,2015(3).

突出能力培养与评价的弹药安全类课程考核改革与实践

安振涛　李天鹏　何益艳　杨清熙

陆军工程大学石家庄校区

摘　要： 为有效检验课程教学效果、提高学员专业综合能力，课程考核改革成为近年来研究的热点问题。针对重视终结性考核、忽视形成性考核的现状，以"弹药安全工程"课程为试点，建立课程考核改革思路与理念，突出"论文答辩式""实践操作式""实案设计式"等形成性考核方式的组织实施，并对考核效果进行了分析，探索了一套较为完善的课程考核方法，对于提升课程教学质量具有重要作用。

关键词： 课程考核；改革探索；实践

课程考核历来是人才培养和教学质量保障的关键环节，开展课程考核改革对于加速推进人才培养的内涵建设具有重要意义[1]。按照《课程考核改革示范课建设方案》通知要求，依据《弹药安全工程考核改革示范课立项申报书》，课程组在 2020 年秋季学期，对两个教学班次开展了"弹药安全工程"课程考核改革探索与实践。围绕课程基本情况、考核分析、改革成效和经验成果四个方面进行了总结，为其他专业课程开展课程考核提供参考。

一、基本情况

（一）课程教学目标

通过本课程的教学，使学员能够理解安全系统工程、安全风险评估、安全防护及弹药事故管理的基本理论，掌握分析和解决弹药全寿命保障过程中安全问题的技能，增强弹药安全意识，能够独立完成弹药安全管理工作，同时培养学员逐步形成科学严谨的工作作风和勇于创新的能力。

（二）课程地位与作用

作为首次任职大纲课程，系统介绍安全系统工程、弹药安全风险评估、弹药安全防护及弹药事故管理的基本理论、基本方法，是从事各项业务活动和管理工作，确保弹药安全的理论、技术和方法基础，也是弹药管理工作者的重要理论依据，其地位和作用主要体现在以下三个方面。

1. 在岗位任职能力培养上具有关重性，是大纲课程

特殊社会属性和技术特性，提出了广泛的安全要求，在储存供应、检测维护、修理处理等不同环节都要做好安全防护工作。熟悉弹药安全管理的基本知识，掌握弹药安全保障的基本技能，是满足岗位任职需要，顺利开展弹药安全管理工作的重要基础。

2. 在高等教育上具有广泛性，是人才培养的基础课程

弹药保障是保障工作的重要组成部分，弹药安全管理则是保障技术人员必备的知识基础。该课程不仅提供全面的安全理论与技术，而且也为其他专业提供通用安全防护技术与知识。

3. 在落实高等教育培养目标上具有实用性，是工程实践能力培养的核心课程

弹药安全是复杂的系统工程。管理人员不仅要熟悉弹药安全系统的分析方法，还必须掌握安全技术，能够设计、检测、维护安全防护设施。该课程针对实际需求，系统介绍基础理论、安全防护技术和安全管理方法，对培养工程实践能力具有重要作用。

（三）课程教学团队

课程组现有教员 6 名，其中教授 1 人，副教授 2 人，讲师 3 人。课程组成员平均年龄 41.5 岁，其中 45 岁以上 1 人，35 至 45 岁 3 人，35 岁以下 2 人；博研 2 人，硕研 4 人。

（四）课程考核现状分析

课程原有的考核主要包括两部分：终结性考核（课终笔试考核）占70%；形成性考核占30%，主要内容包括传统作业评判和课堂学员表现评价两个方面。原有考核模式表现出理论性、记忆性、概念性考核强，分析性、应用性、实践性考核弱，达不到全面提升学员运用安全理论分析问题、解决问题的能力要求。

1.形成性考核形式单一、内容简单

形成性考核主要内容包括传统作业评判和课堂学员表现，考核形式单一，学员只关注课后作业的完成情况，为做题而做题，课上仅限于回答问题，学员学习的主动性、积极性不高，达不到以考促学、依考促练的目的；由于考核内容简单，考核的区分度不高，难以实现形成性考核目标。

2.考核内容实践背景弱，理论与实践结合不紧密

本课程是系统介绍安全理论、防护技术及管理方法的课程，不仅有很强的理论性，也有很强的实践性和应用性。原有的终结性考试中记忆性、概念性、提示性试题多，分析性、设计性、应用性试题少，考题缺少实践背景，不能体现学员运用理论知识解决实际问题的能力考核评价。

3.缺少实践性考核内容，工程实践能力训练弱

无论是形成性考核，还是终结性考试，考核的内容主要是各章节内容的知识点，考核的形式主要是解释概念、回答问题和理论计算等，缺少操作性、实践性的考核内容和形式，达不到课程新大纲的教学考核要求，也不利于学员工程实践能力的培养。

4.课程考核学员被动参与多，主动参与少

原有考核模式，尤其是形成性考核模式，都是以教员为主导，留什么作业、提问什么问题、练习什么内容由教员决定，学员不参与组织、不参与讨论、不主动练习，学员只能以被动参与的形式展开，忽视了学员参与的主动性、能动性，不能体现学员学习效果的综合评价，教、学、考不能有效融合。

（五）课程考核改革基本思路

对接国家一流课程标准，贯彻落实素质教育和创新教育，遵循高等教育教学规律，针对课程教学目标要求，聚焦"注重过程考核、增大学习压力、检验学习效果、全面提升能力"的课程考核改革总体目标，突出"以学员为主体、培育安全意识"等课程教学理念，根据不同教学内容特点，按照"论文答辩式（安全系统分析）""实践操作式（安全技术应用）""实案设计式（解决实际问题）"进行形成性考核设计，通过"三减（减记忆性、简单性、提示性试题）三增（增分析性、设计性、应用性试题）"，系统优化终结性考核试题库，坚持以考促学、以考促研、以考促练的基本原则，实现对学员的知识掌握和能力养成进行综合评测，全面提升学员的问题分析和思辨能力、技术方法运用能力和完成具体工程实践项目的组织与管理能力。

（六）课程考核教学理念设计

按照《考核改革示范课立项申报书》提出的"考核改革方案"，在课程授课前，课程组开展了课程考核方案课前集体备课，对首次开展的"论文答辩式""实践操作式""实案设计式"三次形成性考核和终结性考核进行了教学研究、讨论，统一了思想认识，明确了考核要求，完成了课程考核的总体教学理念设计。

1. 以学员为主体考核理念

形成性考核要贯彻"以学员为主体"的教学理念，"论文答辩式""实践操作式""实案设计式"考核，分别以教学小组的形式展开，坚持学员"自主练习、自主分析、自主设计、自主组织、自主解决问题"的考核方式，以考促练，充分调动学员学习兴趣，让学员积极参与考核质疑、评分，提升学员参与考核的积极性、主动性。

2. 实践考核理念

考核方案突出与考核题目相关实践背景，将"论文答辩式""实践操作式""实案设计式"形成性考核，结合课程实践教学一并展开。使考核题目贴近要解决的问题实际、贴近保障环境，让学员在接近实际环境中分析问题、研究问题，提高形成性考核的实践性，以考促研，实现课堂教学与保障的无缝连接。

3. 培育安全意识考核理念

考核内容以保障安全为中心，围绕安全重点问题、重点环节、重点内容、重大事故设置考核题目与背景，让学员在参与形成性考核过程中认识安全的重要性、在实践操作考核中体验保障组织的严密性，在事故分析考核中感悟事故的危害性，在理论考核中熟悉安全管理方法，以考促学，培育学员安全意识。

按照课程考核要求和考核改革方案计划，形成性考核是这次考核改革的重点，按照"先设计后实施，精准实施改革"的原则，"论文答辩式""实践操作式""实案设计式"考核方案在具体实施前一周由课程组长召集课程组集体备课，讨论修改并通过实施；终结性考试改革的重点是通过"三减（减记忆性、简单性、提示性试题）三增（增分析性、设计性、应用性试题）"，系统优化终结性考核试题库。具体考核方案设计和考核实施如下。

1. 实案设计式考核

（1）考核方案设计。

①考核内容确立：弹药仓库选址布局与安全设计。

②实案设计背景设计。以课程组成员参与完成的问题为背景。给出拟选库址周边高压线、居民区、工厂等环境模拟情况和图例。

③实案设计要求。组织学员综合分析库房对周边高压线、居民区、工厂等环境的影响以及同库存放要求，本着"要素齐全、安全可靠、利于保障、经济节约"的原则，分组开展仓库选址布局与安全设计。

（2）考核实施。

①前期设计。各组学员利用实践课堂时间和业余时间完成方案设计，制作PPT汇报稿，提交设计方案。

②汇报答疑。按照抽签确定的顺序，由各组进行方案汇报答疑，由学员成立评委组，推选评委组长，采用会议评审方式对方案组进行打分评审并提出修改意见，根据评分细则分别对方案组设计方案，答疑的科学性、合理性进行

打分。

（3）考核评分。考核采用方案评审方式进行，评分包括三部分，教员 60分，评委组 30 分，方案组长 10 分。本项成绩占总成绩 10%。方案组长根据方案贡献、评审、汇报等本组成员表现，至少区分三个档次对组员进行打分。教员对方案组的设计方案、评委组的评审情况分别进行打分。

2. 实践操作式考核

（1）考核设计。

①考核内容确立：机动式系统设置。

②实践操作背景设计。以弹药库为背景，以问题为出发点，组织学员分组开展机动式系统的设置，掌握安装位置选择等实践操作内容。

③实践操作要求。一是针对给定存放区域，设计安装位置；二是开展机动式系统架设；三是针对实际阻值，决定是否进行降阻处理。

（2）考核实施。

①前期准备。划分学员考核小组，各组学员利用实践课堂时间和业余时间开展机动式系统架设练习，熟悉机动式系统架设要求。

②实践操作。按照抽签确定的顺序，由两个小组分别进行机动式操作实践，操作组按照架设要求，明确任务，指挥本组学员按顺序开展实践作业；另两个小组各自对应 1 个实践操作组进行观摩，对实践作业组在操作实践中存在的问题进行质疑，根据评分细则分别对位置选择的合理性、架设操作的准确性、问题回答的正确性进行打分。

③考核评分。评分包括三部分，教员 60 分，其他组组长 30 分，本组组长10 分，本项成绩占总成绩 10%。教员和其他组组长根据评分记录表对开展作业组进行打分，本组组长根据实际组织、训练、操作情况，针对本组学员分为三个档次进行打分。

3. 论文答辩式考核

（1）考核设计。

①考核内容确立：事故树编制与分析。

②论文答辩背景设计。将事故树编制的对象设置为仓库安全防护的主要内容，即堆码存放安全。以真实的事故案例资料为背景，由学员自行确定顶上事件，应用已学习过的安全防护理论知识，开展事故原因分析，编制事故树。

③论文答辩要求。一是考核小组学员共同分析事故的基本原因事件，编制事故树；二是化简事故树，求出最小割集、最小径集，进行定性分析；三是根据定性分析结果，提出事故的防范措施方法；四是撰写事故树编制考核答辩提纲，做好答辩准备。

（2）考核实施。

①前期准备。各组学员利用课下业余时间共同完成事故的基本原因事件分析，编制事故树，进行定性分析求出最小割集、最小径集，制作 PPT 汇报稿；或利用网络教室通过事故树编制软件编制事故树，并进行定性分析。

②汇报答疑。按照抽签确定的顺序，由各组代表对基本原因事件分析、事故树编制以及最小割集、最小径集等定性分析进行汇报；学员评审组对基本原因事件分析的全面性、逻辑运用的正确性、防范措施的科学性进行质疑提问，并提出修改意见。考核教员则对考核情况，尤其是事故树编制存在的问题进行讲评，让学员认识和体会"论文答辩"中自身对理论知识的掌握程度。

③考核评分。具体考核评分办法：教员 50 分，打分组 20 分（包括 2 个小组），本组组长 10 分，本项成绩占总成绩 10%。教员根据评分细则对汇报、补充、质疑、答疑等环节进行打分；打分组根据评分细则对汇报、补充环节进行打分，经讨论后，给出得分；本组组长根据汇报、补充、答疑、秩序等本组成员表现，区分三个档次进行打分。

4. 平时量化打分考核

（1）平时考核教学目标设计。

①全员参与教学。聚焦全员全程平时教学，使全体学员全程参与课程的课堂教学、实践教学、作业练习教学，培养学员认真听课、积极参与课堂教学活动、及时完成作业的良好习惯。

②激发学习兴趣。坚持依考促学教学理念，将学员全程参与课程的课堂

教学、实践教学、作业练习等情况纳入平时考核，制定考核标准，激发学习兴趣，提高学员平时学习的积极性、主动性。

③传承弹药文化。坚持传承弹药精神、突出弹药特色教学，将科学求实、不畏艰险、遵规守约、技术自信等特色文化融入平时考核中，使学员在完成平时练习与考核中感悟弹药文化。

（2）主要内容及实施方法。

①主要考核内容。主要包括学员听课态度、精神状态、回答问题等课堂表现；书面作业完成是否及时、是否正确、有无抄袭等；课下练习、实践操作、参与出勤情况等。

②考核实施。主要由教员根据学员课堂表现、作业完成、出勤情况，按照评分标准认定。

③评分标准。针对学员课堂表现、作业完成情况、出勤情况等，由教员确定学员平时和作业成绩。教员打分主要包括三个方面：一是课堂表现（6分），课堂上积极回答问题且要点准确；二是作业完成情况（8分），能够按时提交作业，正确率达80%以上，作业中无抄袭；三是出勤情况（6分），根据是否缺课、请假等情况确定，本项成绩占总成绩20%。

5.终结性考核改革

终结性考核已有很好的基础，本次终结性考核改革的重点体现在以下三个方面。

（1）按照《考核改革示范课立项申报书》提出的终结性考核改革内容与要求，课程组梳理了400余道考题，修改记忆性、简单性、提示性试题107道，增加分析性、设计性、应用性试题39道，系统优化了终结性考核试题库，加大了简答题、问答题和计算（设计）题的分值，优化后考试的题目类型与分值主要包括：名词解释（15分）、填空题（20分）、判断题（10分）、简答题（20分）、问答题（18分）和计算题（17分），本项成绩占总成绩50%。

（2）在判断题、简答题、问答题和计算题中引入工程背景、设置安全环境，修订或重新编制判断题、简答题、问答题和计算题51道，较好地构建了问题导向式考核模式，提升了学员分析问题、解决问题能力的测试水平。

（3）考核方法。建立安全工程课程试卷库。课程结束后，随机抽取试卷，进行闭卷考试，并按照教考分离要求进行终结性考核（笔试）和网上阅卷评分，确保考核的公平性，不出现人情分、照顾分。

二、考核分析

学员学习成绩总分为 100 分，包括形成性考核成绩 50 分、终结性考核成绩 50 分。

（一）形成性考核分析

形成性考核共计 50 分，包括平时综合量化成绩 20 分、仓库选址布局与安全设计模块考核 10 分、机动式系统设置模块考核 10 分、事故树编制与分析模块考核 10 分。由此可见，形成性考核的比重 50%，直接影响着学员总成绩，因此形成性考核必须保证公平、公正、公开。下面以 71D2 班次为例，开展学员形成性考核分析。

平时综合量化成绩区分课堂表现、作业情况和出勤情况。图 1 为学员课上回答问题次数统计情况，每名学员至少有 1 次参与教学互动，个别学员参与教学互动 5 次，由此可见学员积极参与课堂讨论，在互动交流中加深对安全工程课程内容的理解。图 2 为学员作业表现优良次数统计情况，大多数学员能够较好地完成课后作业，只有 1 名学员作业情况较差，由此可见课后时间学员对本课程的学习态度端正，能够认真进行知识点复习，有利于学员对重难点知识的掌握。图 3 为学员缺课次数统计，由于授课期间学员参与执勤，平均缺课次数约 2 次，其中有 1 名学员由于生病原因，较长时间没有参加课程学习，但教员通过与该学员及其他学员进行沟通，便于他本人开展课程自学。

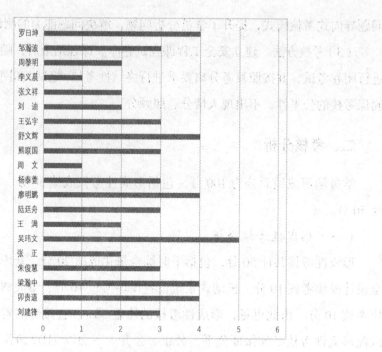

图 1　学员课上回答问题次数统计

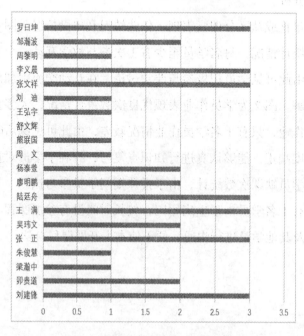

图 2　学员作业表现优良次数统计

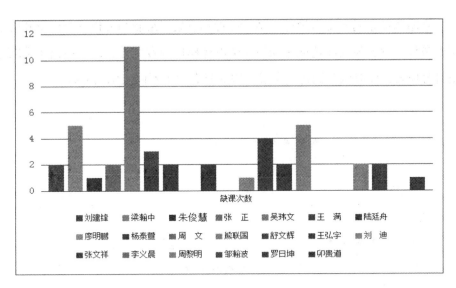

图3 学员缺课次数统计

通过综合每名学员的课堂表现、作业情况和出勤情况，平时综合量化成绩如图4所示。分数最低为吴玮文9分，分析原因是该学员长期生病住院，缺课次数较多；分数最高为罗日坤20分，分析原因是该学员回答问题4次、作业表现3次优良、没有缺课，综合表现突出。

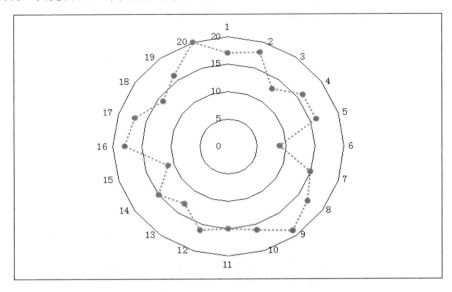

图4 学员平时综合量化成绩（满分20分）

仓库选址布局与安全设计、系统设置和事故树编制与分析三个模块开展了课中考核。图 5 为仓库选址布局与安全设计模块分数统计，由于该模块采取分组打分模式，没有区分到每名学员，因此只有四个不同组别的分数。

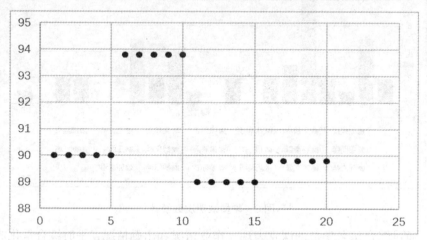

图 5　仓库选址布局与安全设计模块分数统计

图 6 为机动式系统设置模块分数统计，该模块考核不仅区分了组别，而且每组学员也进行了分数区分，但组内学员区分度不高。另外，有一名学员因故没有参加此次考核，因此此次考核分数记为 0 分。

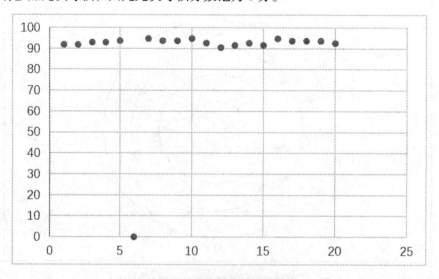

图 6　机动式系统设置模块分数统计

图7为事故树编制与分析模块分数统计，该模块考核也不仅区分了组别，而且每组学员进行了分数区分，但组内学员区分度不高。另外，有两名学员没有参加此次考核，因此此次考核分数记为0分。从图中可以看出有一组学员分数明显低于其他三组，这与现场学员表现、编制分析正确度等密切相关。

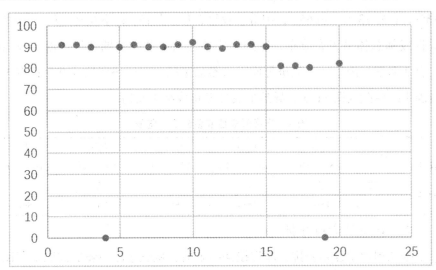

图7　事故树编制与分析模块分数统计

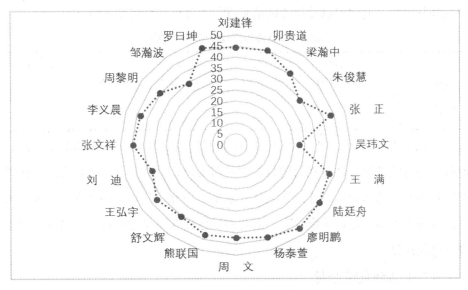

图8　学员形成性成绩（满分50分）

图 8 为学员形成性成绩（满分 50 分）。可以看出，分数最高的是廖明鹏，分数最低的是吴玮文，这与学员个人的平时表现及三个模块课中考核是直接相关的，而且也体现了团队协作的重要性。

表 1 为学员形成性成绩分析一览表。可以看出，形成性考核成绩优秀 3 人，占 15%；良好 13 人，占 65%；中等、及格 3 人，占 15%；不及格 1 人，占 5%。形成性成绩总体呈正态分布，达到形成性考核改革的预期效果。需要说明的是，有 3 名学员因生病、值班等原因未参加考核，本模块考核计 0 分；有 1 名学员因生病住院缺课 11 次，导致形成性考核成绩不及格。

表 1　学员形成性成绩分析一览表

平均成绩	分析	优秀（45～50）	良好（40～44）	中等（35～39）	及格（30～34）	不及格（0～29）
41.4	人数	3	13	1	2	1
	%	15%	65%	5%	10%	5%

（二）终结性考核分析

根据课程教学计划安排，课程授课结束后，从试题库中随机抽取 1 套试题作为本次考试试卷。考试完毕后，组织相关教员在网上完成阅卷工作，课程组教员和任课教员共同对试卷及考试结果进行了分析，终结性成绩见表 2。

表 2　学员终结性成绩分析一览表

平均成绩	分析	优秀（90～100）	良好（80～89）	中等（70～79）	及格（60～69）	不及格（0～59）
83.45	人数		19	1		
	%		95%	5%		

由表 2 可以看出，学员较好地掌握了课程教学计划规定的基本知识点，但对于综合性和设计性较强的题目，学员需要进行深入学习，结合实际工作背景进行科学计算和分析，才能达到优秀水平。另外，从学员终结性成绩分布来看，区分度不高，题目难度较大，需要对试题库在满足课程教学计划的基础上进行优化建设。

（三）总评成绩分析

图 9 为 71D2 班次学员的总评成绩。从图中可以看出，该班次学员的总评

成绩分布在 70～90 分，主要集中在 80～90 分。这说明，学员对于本门课程的学习达到了课程教学计划的目标。但同时也看出，该班次学员没有 90 分以上，通过形成性考核、终结性考核以及总评成绩综合分析，课程授课过程及考核考虑了大多数学员的学习情况，注重了普遍性，在个性培养需要进行优化设计，进而攻破综合性和设计性较强的题目。

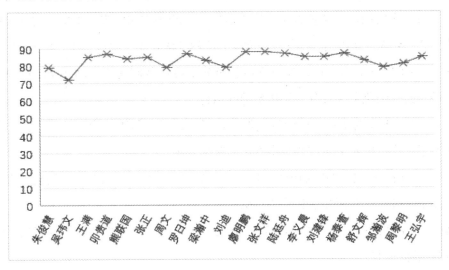

图 9　71D2 班次学员的总评成绩

三、改革成效

（一）实案设计式考核改革成效

采用实案设计式考核方法，让学员体验真实库房选址布局的设计过程和评审流程，既充当方案设计组，又充当方案评委组，通过这种考核方式，达到了以下教学效果。

（1）通过以学员为主体，亲身体验库房选址、库房布局的"真实"工作过程和评审流程，树立和强化了学员"仓库安全防护"的风险意识。

（2）学员在仓库选址、库房布局的实案设计过程中，自主学习了相关法规、技术标准，并加以应用，实现了课堂安全防护的基本知识与安全需求的无缝对接。

（3）通过学员汇报、学员质疑、学员评分，全方位锻炼了学员组织实施保障工作能力，提高了学员自主学习的积极性和主动性。

（4）通过引入实案设计背景，提高了学员运用安全知识发现问题、分析问题、解决问题的能力。

（二）实践操作式考核改革成效

采用实践操作式考核方法，让学员通过实践操作体验来熟悉机动式系统的设置架设要求，通过实践操作、观摩评分这种考核方式，达到了以下教学效果。

（1）以学员为主体，通过本组学员分工协作共同完成机动式系统的设置架设实践，强化了学员分工协作精神的培育。

（2）通过机动式系统的设置位置选择、架设、降阻等全程实践，让学员熟悉了仓库雷电安全防护的基本方法、基本要求。

（3）通过学员实践操作练习和考核，全方位锻炼了学员操装、用装能力，提高了学员学习的积极性和爱装意识。

（4）通过引入实践操作背景，提高了学员的安全防护认识，也实现了课堂与实际的对接。

（三）论文答辩式考核改革成效

采用论文答辩式考核方法，让学员通过事故原因分析、编制事故树，并以汇报、质疑、答辩评分这种考核方式，达到了以下教学效果。

（1）以学员为主体，通过学员将"事故树分析"理论，具体应用到安全管理实践，使课程理论与实践相结合，激发了学员发现问题、分析问题的动力。

（2）通过事故树分析应用于实际问题的考核，强化了学员对事故树作图与分析过程的理解，让学员熟悉了事故树分析的方法步骤。

（3）通过论文答辩式考核，锻炼了学员临场应变和临机处置能力，提高了学员对所学知识灵活掌握、灵活运用的水平。

（四）平时考核效果分析

通过进行平时量化打分考核，充分调动了学员学习积极性，课堂上能够积极回答问题，认真完成作业，也能踊跃主动地参与到课程教学中，由被动接收到主动讲解。

四、经验成果

本课程考核，既关注理论知识的学习，又关注实践能力的检验；既体现学习过程效果，又体现课终考试成绩；既包括教员评价，又包括学员互评和自评，是专业课程学习、训练和考试的综合体现[2]。

（一）形式多样的形成性考核，是落实突出能力培养的重要途径

对比分析课程考核改革前后情况，考核改革前，形成性考核只依靠平时作业、课堂回答问题来评判；改革后，通过引入实案设计、实践操作、论文答辩等考核模式，突出了学员综合能力培养。具体地说，一是创新"论文答辩式"考核模式，提升了学员查找问题、分析问题、解决问题的能力和科学素养；二是立足安全保障需求，通过"操作实践式"考核模式，促使学员主动开展实装操作，提高了实践动手能力，也强化了育人培养；三是探索"实案设计式"考核，增加了课程实践的高阶性，关注培养学员围绕问题进行分析、评价和创造的高阶能力。这些形式多样的形成性考核促进了从"知识传授"向"能力培养"转变。

（二）优化终结性考核内容，是落实"知识考核"向"能力评价"转变的重要方法

课程终结性考核改革前，主要是以章节知识点来命题，单纯考核知识的题目多，分析应用的考核题目少。改革后，以安全理论知识为基础，以掌握安全防护技术为核心，突出分析问题、解决问题能力考核，通过"三减（减记忆性、简单性、提示性试题）三增（增分析性、设计性、应用性试题）"系统优化终结性考核试题库，探索了"知识—技术—应用"相结合的终结性考核途径，全面提升了教学考核的挑战度。通过终结性考核改革，全面考核学员对基础知识和专业技能的掌握和运用能力，科学、系统地评价学员对课程知识体系的掌握程度及专业发展潜能，促进了由"知识点考核"向"能力评价"转变。

（三）考核模式的创新实践，是形成教学相长运行机制的重要法宝

课程考核改革前，学员主要是学习课程教材，完成作业，很少主动学习相关法规、标准等相关技术资料；教员也很少专门研究课程考核，也很难深层次研究能力素质培养与考核的关系。考核改革后，通过"论文答辩式""操作实践式""实案设计式"考核模式的改革与实践，不仅促使学员自主学习相关法规标准，分析安全事故，而且促使学员主动练习实践安全设施设备操作使用，通过细化量化平时学习考核，进一步提高了学员学习的积极性、主动性；另一方面，课程组课前 2 次、课中 3 次集体备课，专门研究讨论课程考核问题，强化了教员对课程考核的研究，更为重要的是学员在论文答辩、实案设计过程中遇到的问题，也促使教员研究这些问题、纠正讲评解决这些问题，强化了教员对教学问题研究，实现了由"单纯考核"向"以考促学、以考促教"的转变，促进了教学相长运行机制的形成。

参考文献

[1] 袁月梅,姚美村,潘明皓.以课程考核模式改革为引擎加速推进"双一流"高校本科人才培养的内涵建设[J].高教学刊,2020(9):15-17.

[2] 谢毓湘,栾悉道,魏迎梅,等.基于混合式教学模式的多元化课程考核评价体系研究——以"媒体数据分析与处理"课程为例[J].高等教育研究学报,2020,43(2):61-65.

基于能力分级考核模式的实践课程考核改革研究

郎　宾　黄天辰　冯长江

陆军工程大学石家庄校区

摘　要： 本文详细阐述了"电工电子实训"课程考核改革的思路举措，在深入研究国内外同类课程考核模式的基础上，围绕"工程实践能力和创新培养"，结合课程组多年的教学实践探索，提出了一种新型实践课程考核体系，突出了课程考核的能力导向化、个性化和差异化，对实践类课程考核具有很好的借鉴意义。

关键词： 能力分级；实践课程；考核改革

随着社会的变革和时代的发展，各行业领域对实践型、创新型人才的需求日益凸显。全国各大高校都在提高实践课程教学比重，加强实践教学环节，提高实践能力培养效率。作为实践课程教学的重要环节，实践课程考核在促进实践教学和能力培养方面起到了重要的指引和督促作用，发挥着不可替代的"指挥棒"功能。为强化实践课程考核有益功能的发挥，真正促进授课学员的工程实践能力和创新能力生成，更好地实现课程教学目标和人才培养方案要求，对"电工电子实训"课程进行了实践类考核模式的改革研究，构建了一种新型实践课程考核体系，突出了课程考核的能力导向化、个性化和差异化，对实践类课程考核具有很好的借鉴意义。

一、基本情况

（一）课程基本情况

"电工电子实训"课程是一门实践类任职基础课程。课程的教学目标是：

通过本课程的教学，使学员能够理解电子电路测量的基本理论，掌握电子电路制作与调试的基本技能，能够完成简单电路的检测与维修工作，同时培养学员的分析问题、解决问题的能力和严谨求实的实验作风，锻炼学员的工程实践能力和创新思维。

"电工电子实训"课程考核采用"形成性考核 + 课终操作考核"的考核模式，其中形成性考核成绩占总成绩的 40%，课终操作考核成绩占成绩的 60%。考核实施一票否决制，即课终操作考核卷面成绩不及格，则课程考核成绩为不及格。

（二）课程考核改革方案举措

本课程以往的考核形式为：形成性考核主要考查学员课堂表现、实训内容完成情况、实验报告、实验作风养成情况等；终结性考核采用操作考核形式，操作考核试卷设置不同电路题型，但试卷难度平均一致。本课程考核改革后，考核模式及成绩占比不变，但形成性考核和终结性考核的形式进行了较大调整。

1. 形成性考核方案

课程形成性考核成绩由实训内容成绩、作风养成成绩和奖惩分三部分组成，成绩占比分别为 70%、20% 和 10%，以实训内容成绩为主体，作风养成成绩为辅助，奖惩分为补充，形成"突出实践，注重养成，鼓励创新"的考核导向。

实训内容成绩评定采用成长型游戏攻关模式累计计分，注重体现"以人为本，因材施教，打牢基础，鼓励竞争"的原则导向，总分 70 分。将课程中的 14 个可量化评价的实训内容模块，按照技能培训侧重和实训难易程度分别设定各内容模块的最高分值，并将其按照技能培训属性由低到高划分为三个层次：基础型（4 个实训内容模块，共计 16 分）、综合型（7 个实训内容模块，共计 39 分）、设计应用型（3 个实训内容模块，共计 15 分）。各实训内容模块的成绩评定采取学员完成实训内容后除实验报告外的其他项由教员现场即时评分的方式，具体评分时分为两类：一类是测试类实训内容，主要依据学员的测试情况和实验报告情况进行评价打分；一类是电路制作类实训内容，主要依据学员的实训电路制作工艺水平、硬件电路的性能品质、电路参数测试情况和实验报告情况进行评价打分。基础型实训内容模块总得分超出设定的合格分数即可进阶综合型实训内容模块的学习，否则继续强化基础型实训内容模块的学习，以此类推。最后学员各实训内容模块最高评定成绩的累加即为其实训内容成绩。"成长型游戏攻关模式"的评分方式，能够促使学员打牢实训技能基础，同时又对学员的技能培训层级进行了直观展现，增加了学员实训学习"升级过关"的趣味性，激发了学员的竞争表现欲，大大调动了学员实训学习的主观能动性。

作风养成成绩根据学员课程中的实训作风养成的整体表现给分，旨在突出"培养科学态度，强化作风养成"的原则导向，总分 20 分。主要依据学员实训操作规程掌握情况、实验室纪律遵守情况、实验秩序保持情况、实验仪器设备安全操作情况、实验物品摆放情况等实训作风养成情况进行评定。引导学员注重整体素质的提升和科学严谨的实训作风的养成。

奖惩分为激励和监督学员而设置，旨在强化"鼓励探索，激励创新，注重安全，强化纪律"的原则导向，总分 10 分。学员只有在课程学习期间发挥了重要的帮带辅助作用、有创新性实训探索表现、有严重违纪情况才给予一定的奖惩分。其中有创新性实训探索表现并取得明显效果的奖励分值给分区间为 8 ～ 10 分，发挥重要帮带辅助作用的奖励分值应在 7 分及以下。奖惩分由任课教员根据实际情况提出奖惩申请，并由课程组共同审定分值。

2. 终结性考核方案

终结性考核采取实践操作考核方式，具体组织时采用"自主报档、分档考试、档内抽签"的考核模式，旨在实现差异化考核、个性化评价，从而更加客观公正地判定学员的实践能力，同时也有助于因材施教的实现分层次教学。

课程组在考核前一周制定并下发分档说明，将操作考核试卷按照难易程度分为 A、B、C 三个档次，并分别明确各档次的考核内容模块及技能要求。A 档最难，技能考核要求最高，C 档最易，技能考核要求最低。学员可参照分档说明，结合自身课程学习情况进行自主报挡参加考试。每个档次各准备了5套电路题型，在进入考场之前由学员按照其所填报的档次依次抽签确定具体考核试卷。

各档次试卷卷面分均为100分，卷面成绩将按公式折算为操作考核成绩，具体折算规则如下：A档试卷卷面成绩达到60分以上，则操作考核成绩折算为85～100分；B档试卷卷面成绩达到60分以上，则操作考核成绩折算为70～85分；C档试卷卷面成绩达到60分以上，则操作考核成绩折算为60～75分；如卷面成绩不足60分，则不论是何档次，其操作考核成绩即为卷面成绩。

（三）课程考核改革实施概况

"电工电子实训"课程以所有承训教学班次作为课程考核改革试点，共涉及四个教学班次，共计90人。课程组研究制订了课程考核改革方案，拟制了形成性成绩评定标准及课程操作考核技能要求分档说明，考核过程严格遵照考核改革方案执行，实现了课程考核改革目标，对课程教学和学员电类基础技能的培养起到了很好的促进效果。

二、考核分析

（一）形成性考核分析

表1　形成性考核成绩分布表

教学班次	实训内容平均成绩	作风养成平均成绩	奖惩分人数/人均得分	形成性总评平均成绩
0521	85.83分	68.97分	0	77.15分
0522	86.82分	75.46分	5人/31分	76.50分
0530	84.53分	93.68分	6人/47分	79.50分
0540	84.93分	94.33分	3人/57分	79.50分

从表1中数据可以看出各班次的实训内容平均成绩均较高，说明"成长型游戏攻关模式"的成绩评定方式确实能够激发学员的实训热情和竞争表现欲，更能促使学员打牢实践技能基础，对学员的实训学习起到了很好的激励作用。

各班次的作风养成成绩可以反映出其整体的实训学风,从表中数据可看出课程教学对学员作风培养的总体效果较好,但也有个别班次的作风养成还需进一步加强。奖惩分项的数据反映出共有 14 名学员获得了奖励得分,占总人数的 15.6%,但人均得分却不高,而在奖励分值设置中明确创新性实训探索效果明显的奖励分值高,说明这 14 名学员在课程教学过程中发挥了重要的帮带辅助作用且效果显著,但极少数学员进行创新性实训探索。形成性考核总评成绩不够高,原因在于大多数学员没有得到奖励加分,说明形成性考核成绩的组成结构还存在缺陷。

（二）终结性考核分析

1. 报挡情况分析

表 2　课终操作考核报挡情况表

教学班次	A 档人数 / 人数占比	B 档人数 / 人数占比	C 档人数 / 人数占比
0521	9 人 /31%	13 人 /45%	7 人 /24%
0522	11 人 /39%	8 人 /29%	9 人 /32%
0530	7 人 /37%	5 人 /26%	7 人 /37%
0540	2 人 /13%	6 人 /40%	7 人 /47%

从表 2 中数据可以看出,有的班次操作考核报挡情况呈正态分布,有的班次操作考核报挡情况呈两极分化,也有的呈金字塔形分布,这恰恰可以反映出各教学班次的学员自我能力认知情况,也基本可以反映出各班次学员的能力水平分布。从总体结果看,学员的争优意识得到了明显提高,能力自信得到了普遍加强。

2. 各档次卷面成绩分析

表 3　各档次平均成绩表

教学班次	A 档平均成绩	B 档平均成绩	C 档平均成绩
0521	93.44 分	78.38 分	65.33 分
0522	92.55 分	90.00 分	67.22 分
0530	86.86 分	79.60 分	67.86 分
0540	95.00 分	82.17 分	66.86 分

从表 3 中数据可以看出,A 档试卷最难但平均成绩最高,C 档试卷最易但

平均成绩最低，B 档平均成绩居中。这恰恰反映出学员普遍对自身的能力评价比较准确，所报操作考核档次比较合理，也反映出难者不会，会者不难的学习特点。

3. 各教学班次总评成绩分析

表4　0521 班次课程总评成绩分布表

平均成绩	分析	优秀（90～100）	良好（80～89）	中等（70～79）	及格（60～69）	不及格（0～59）	缓考
78.36	人数	5	8	9	5	1	1
	%	17.9	28.6	32.1	17.9	3.6	

表5　0522 班次的课程总评成绩分布表

平均成绩	分析	优秀（90～100）	良好（80～89）	中等（70～79）	及格（60～69）	不及格（0～59）	缓考
79.00	人数	5	13	2	6	2	0
	%	17.9	46.4	7.1	21.4	7.1	0

表6　0530 班次的课程总评成绩分布表

平均成绩	分析	优秀（90～100）	良好（80～89）	中等（70～79）	及格（60～69）	不及格（0～59）	缓考
77.95	人数	4	6	4	4	1	0
	%	21.0	31.6	21.0	21.0	5.3	0

表7　0540 班次的课程总评成绩分布表

平均成绩	分析	优秀（90～100）	良好（80～89）	中等（70～79）	及格（60～69）	不及格（0～59）	缓考
76.73	人数	2	4	3	6	0	0
	%	13.3	26.7	20.0	40.0	0	0

从课程的总评成绩分布数据表4～表7看，各教学班次基本呈正态分布，且与各班次学员操作考核报档分布趋同，说明总评成绩真实反映了学员的能力水平。从整体数据看，共有16名学员成绩优秀，仅有4名学员不及格，优秀率比较高，说明本课程教学效果良好。

从课程的考核情况分析可以看出，考核改革取得了很好的效果，实现了课程考核改革的目标。

三、改革成效

"电工电子实训"课程构建了"以人为本，分级考核，突出实践，鼓励创新"的课程考核体系，突出了课程考核的能力导向化、个性化和差异化，能够更为客观公正地评价学员真实能力水平，更好地激发学员的学习动力和创新动力，也与课程开展的分层次教学相互促进。

（1）形成性考核发挥出重要导向作用，能够更为真实全面地评价学员的课程学习情况和实践能力锻炼情况，学员学习的主观能动性显著增强，在课堂表现、实训操作情况、实验报告撰写、作风养成等方面都有显著改善。

（2）"成长型游戏攻关模式"的评分规则及奖惩分的设立，促使教学班次形成了实践课程"良性竞争，互助互学"的学习氛围，学员竞争欲、表现欲、探索欲进一步增强，优生的帮带作用发挥明显，有效加快了整体实训进度，提高了实训效率。

（3）在实训内容成绩评定过程中隐含着实训技能的层级划分，随着课程教学进程的推进，学员的能力层次也突显分明，便于教员进行有针对性的教学辅导，对于优生注重启发引导其进行实训内容的拓展探索，对于差生注重帮助其打牢基础补足短板，对于中等生注重发掘其能力特点和兴趣方向，鼓励其突破自我有所侧重。"以学员为中心""因材施教"的教学理念进一步凸显，符合学员能力特点的实践课程分层次教学更加完善，教学效果得到进一步提高。

（4）终结性考核更加客观公正，能够真实反映学员的实践能力水平和课程教学效果，为后期进行教学反馈分析和教学质量提升提供了有力的数据支撑。

（5）本课程的考核模式对实践类课程考核改革具有良好的示范作用和借鉴。

四、经验成果

（1）构建了"以人为本，分级考核，突出实践，鼓励创新"的实践课程考核体系，强化课程考核指挥棒的导向作用，能够突出实践课程特点，顺应实践能力生成规律，激发学员学习动力和创新动力。

（2）构建了综合全面、主次分明、强化激励引导的形成性考核体系，在增加学习闯关趣味性的同时更加注重打牢基础和实训作风养成，更加符合授课学员的能力特点，能够有效促进因材施教的分层次教学。

（3）终结性考核打破了操作考核试卷同一难度的"大一统"考核模式，采取"自主报档、分档考试、档内抽签"的操作考核模式，实现了差异化考核、个性化评价，能够更加全面客观公正地评价学员的实践能力水平，更有助于分析评价课程教学的优势和不足，不断改进和提高课程教学水平。

五、矛盾问题

（1）形成性考核成绩的组成结构还不够合理，奖惩分项只有极少数学员获得，与其他课程横向比较，相当于大部分学员的形成性成绩满分只有90分，一定程度上形成了课程之间形成性成绩评定的不公平，这与设立该项成绩的初衷有所违背。

（2）教员进行形成性成绩评定的工作量大，投入教学研究的精力受到一定程度的影响。由于需教员量化评价的实训内容模块多达14个，每评定一名学员的形成性成绩，教员需审核检测9个电路板，检查学员测试能力14项，批阅14份实验报告，加上学员人数较多，教员进行形成性成绩评定的工作量过大，一定程度上影响力投入教学研究的精力和时间。

（3）实训电路及测试的现场验收与成绩评定，一定程度上影响了教员对学员实训辅导的时效性。实训电路模块的成绩评定有部分需在课堂进行现场验收，检查验收一块电路板的平均时间约为3分钟。尽管提出要求以实训辅导优先，但在每次课的后半段会出现学员排队验收的情况，导致教员忙于检查验收只能被动等待学员提问，无法主动发现正在实训的学员可能出现的问题，一定程度上影响了教员对学员实训的及时辅导。

（4）课终操作考核要求学员自主报档，没有档次门槛，导致部分学员报档偏高不够理智。初次报档时，部分学员为取得好的成绩，不考虑自身能力实际，选报档次偏高，有一定的投机心理，加大了考核不及格的风险。后经教员耐心劝导，最终选报了比较合适的档次，从这些学员的最终考核成绩看，避免了因考题超出其真实能力而导致考试不及格的情况。

六、改进建议

（1）调整形成性考核成绩的组成结构，设置实训内容成绩占比为80%、作风养成成绩占比为20%，奖惩分设置为额外分值，奖励分值最高10分，惩罚扣分不设限，获奖励分的学员比例不能超过学员总数的10%。实训内容成绩、作风养成成绩、奖惩分三项总和不超过100分。这样既保证了不同课程之间形成性成绩评定的公平性，又能发挥奖惩分设置的激励作用。

（2）充分发挥学员帮带小组的作用，构建金字塔形层级式形成性成绩评定模式，适度开展学员部分形成性成绩互评。可将授课班次学员依据合理的能力强弱配比分成5～7个帮带小组，每组人数3～5人，由优生担任组长，教员负责对组长的形成性成绩进行评定并制定详细的评分规则，组长负责进行各小组成员的交错互评，教员针对每个实训内容模块可随机抽选部分学员进行形成性成绩评定检查，以确保组长评定分值的公正性和合理性。这样既可以减少教员进行形成性成绩评定的工作量，又能够提高教员实训辅导的时效性。

（3）课程课终操作考核自主报档应合理确定门槛，要求形成性成绩不足70分的限报C档，不足85分的禁止报A档。这样既可以有效避免学员报档过高的情况，又能够促使学员打消投机心理，将功夫放在平时学习提高形成性成绩上，而非考试突击复习上。

七、本课程领域国内外考核改革情况研究分析及启示

（一）本课程领域国内外主要考核模式

在国内外院校中，本课程领域内的课程有的设置为考试课，有的设置为考查课。考试课主要有两种考核模式，一种是以终结性考核为主，另一种是"形

成性考核＋终结性考核"的双考核模式。而考查课则主要采用以形成性考核为主的考核模式。每种考核模式采用的考核形式均有不同差异，简要介绍如下：

1. 终结性考核为主

此种考核模式在课程教学进程中也进行课程学习情况的相关检查，但以督促和纪律约束为主，不计入课程成绩，课程成绩以终结性考核进行评定。考核的具体形式主要有三种：第一种是"理论＋操作"考核，理论考核多采用闭卷考试形式，主要考查学员的基本实验理论和实验方法的掌握情况，操作考核多采用开卷考试形式，主要考查学员的实践技能掌握情况和实践动手能力，操作考核成绩占比一般大于理论考核成绩占比；第二种是只进行操作考核，有的采用闭卷考试形式，也有的采用开卷考试形式，主要考查学员的综合实践能力；第三种是进行课终答辩考核，由学员根据任务要求撰写相关的研究论文或研究报告，通过课终组织现场汇报和答辩的方式进行考核，可以更加直观全面地了解学员的课程学习情况。

2. "形成性考核＋终结性考核"的双考核模式

此种考核模式在课程教学进程中进行形成性考核，并计入课程总评成绩，同时在授课结束后进行终结性考核，终结性考核成绩占比大于形成性考核成绩占比。形成性考核多数依据课堂表现、实验完成情况和实验报告进行评定；终结性考核主要采用课终操作考核，既可以是闭卷形式，也可以是开卷形式，以开卷考试居多。

3. 形成性考核为主

主要依据课程教学进程中各实验项目完成情况进行累计评分，也有在课程完结时要求学员提交课程规定的研究报告，并将研究报告撰写情况记入总评成绩，但总体形成性考核为主。

总之考核模式主要依据课程考核性质确定，具体考核形式多依据授课学员的培训层次、专业性质和课程目标定位确定。

（二）研究分析及启示

目前本课程领域国内外考核改革的方向主要是尽量发挥考核评价的导向性

作用，突出强化综合素质和工程实践能力的考核，加强质疑思想、探索思维和创新能力培养的引导。

课程考核的导向性要围绕培训学员层次、能力特点、课程目标定位以及实践能力生成模式规律进行确定，应对教学质量提升和学员能力培养起到正向激励和促进作用，不能为了评价而考核或为了惩罚约束而考核。课程考核的具体形式应因地制宜灵活采用，但首要的是保证客观公正地进行评价，只有这样才能使学员信服并愿意积极投入课程学习，教员才能真实了解学员的能力水平和课程教学效果，为后期改进教学策略提高教学质量提供有力的数据支撑。其次要注重形成对学员学习的激励，可以是对良好学习氛围构建的激励，也可以是对能力生成的激励，可以是对探索创新思维的激励，也可以是对科学素养的激励。而激励就是要激发学员的不同方向侧重的学习兴趣和内在动力，要在考核评价指标体系上有所体现。另外要考核要与课程的性质特点相一致，对于实践类课程应注重对学员实践能力的评价，考核的要点应集中于课程教学的能力目标，要依据能力生成模式规律进行阶段性的层进式的考核引导。最后实践类课程考核要体现综合素质的考查，包括分析、分析和解决问题的能力、创新思维能力、科学实验作风等的综合考查。

总之课程考核模式形式没有通用的最佳答案，也不是一种方法通用万年的，而是需要结合课程教学实际不断研究改进，只要目标方向不偏离，注重发挥课程考核的能力导向性，尽量避免课程考核的惩罚约束性，课程考核改革就将永远在正确的道路上。

参考文献

[1] 杨文萃,蔡小平,葛勇.实践课程考核方法改革的探讨[J].黑龙江省高等教育学会2015年学术年会暨理事工作会会议,2015.

[2] 甘晓英,雷锡绒.实践课程考核方法思考[J].现代企业教育,2014.

[3] 吴迪.实践课程考核与评价模式的研究[J].黑龙江科学,2013.

[4] 高文铭.基于双核心能力培养的高职实践课程考核模式的实践研究[J].长

春教育学院学报,2013.

[5] 石小利.工科类高职院校实践课程考核改革思考[J].职业,2012.

[6] 张建旭.工程类专业独立实践课程考核体系改革探索[J].新一代,2011.

[7] 周庆红.实践课程考核方式的现状研究[J].现代企业教育,2009.

[8] 韩毓文,杨丽婕.电子类实践课程考核方法初探[J].实验室研究与探索,2005(24).

[9] 潘岚,朱朝霞.电子实习教学改革的实践[J].实验室研究与探索,2001(1):117-118.

[10] 肖建.电工电子类整体性实验教学改革探索[J].实验室研究与探索,2004(10):74-75.

[11] 吴新开,等.电工电子创新实验教学体系的研究与实践[J].实验室研究与探索,2004(3):51-53.

[12] 赵子婴.电子工程实验教学改革[J].实验室研究与探索,2003(6):33-35.

实飞牵引、分段融入、训战一体的指挥类课程考核创新

李永科　胡永江　李爱华　李　灿　王志平　邢　娜

陆军工程大学石家庄校区

摘　要： 分队指挥类课程岗位指向性强，对学员综合能力要求高，本文基于岗位任职能力检验的理念，创新提出了"任务牵引、分段融入、能力评定，以训代考"的考核模式。从考核现状、考核研究、考核实施、考核成效、经验总结、改进建议等方面展开探讨，实践证明：该考核方法成效显著，具有一定的推广价值。

关键词： 分队指挥；考核模式改革

"无人机分队指挥"课程以分队指挥与运用为主要教学内容，是专业核心课程，是一门立足岗位、强化能力、首次任职课程。该课程教学以指挥技能为重点、指挥方法为核心、以提高指挥能力为目标。技能有形，而方法无形，指挥法具有非唯一性和创新性，指挥能力更无法通过传统理论考试来检验。因此，研究创新考核模式重点解决指挥方法与指挥能力的需求问题是十分必要的。

一、国内外分队指挥类课程考核模式现状研究

通过查询本课程领域国内外考核改革情况研究相关文献，尚未查到无人机分队指挥课程考核改革情况，但是围绕相关内容开展了一些课程教学改革相关研究。

（一）国外研究现状

外国关于指挥的考核方法主要包括：平时课堂考核，教员对学员每堂课表现进行打分，检查学员对课堂知识的理解和掌握程度；专门课堂讨论考核，每隔一段时间安排一次讨论课，考察学员对知识的掌握程度；课程论文（设计）考核，反映学员对过程的理解和掌握能力；课终考试，包括笔试、口试等形式，检验学员对所学知识的整体掌握能力；综合演练考核，教员对学员在演练中的综合表现打分，演练结束后给出总评成绩。

（二）国内研究现状

国内李洋提出，创新指挥课程教学实践，构建紧贴新型教学模式，在形式多样的实践训练中提升学员指挥能力。构建"专题理论授课＋案例研讨＋想定作业＋教学＋综合演练"五位一体的教学模式，促进理论与实践紧密对接 [1]。张鉴等提出，要积极推动考核过程全程化，增强考核评价的全面性；要着力突出考核实践化指向，促进学员核心能力提升；要大力开展多主体联合考核，侧重岗位任职能力检验 [2]。黄凯等提出，院校教学内容要紧贴训练实际，强化建立联教联训联考常态化机制，形成教学内容的动态调整机制 [3]。王云辉提出，考核内容设置要实，内容构设要贴近实践、难以结合、突出集体能力；考核过程组织要活，应当结合随机组织、根据地形灵活组织、突出全程组织；考核成绩评定要准，以分队整体能力评估为基准、以分队能力评价为标准 [4]。

（三）现状启示

一是考核内容应紧贴实践。分队指挥课程主要考查学员对于分队指挥知识的理解和掌握程度，检验学员作为分队指挥员的指挥素养和能力。因此，分队指挥课程考核内容应当紧贴实践，充分运用想定作业、飞行、综合演练等平台，以行动为背景，在基础理论考核中，考核学员对基本知识的掌握，并通过指挥实践能力考核，考核学员作为指挥员的指挥素养和能力。

二是考核过程应坚持全程。分队指挥课程突出学员实践训练，在教员进行基础知识的理论讲解后，由学员围绕分队指挥行动的每个环节开展作业训练，整个学习过程主要是学员动手实践的过程。因此，分队指挥课程的考核应当注重全程考核，教员对学员课堂表现、编组作业、分组训练等及时评价与反馈，逐步提高学员指挥能力。

三是考核评价应综合集成。分队指挥课程不同于理论课程，是一门以理论知识为基础的指挥实践类课程。因此，课程考核评价除了考核指挥相关理论知识外，更应当注重对指挥实践能力的考核，在编组作业、实飞行动、综合演练等过程中，全面考核学员指挥能力，并给出准确评价，综合集成形成每名学员课程最终成绩。

二、考核改革研究

（一）考核规定

考核包括形成性考核和终结性考核两部分。形成性考核成绩根据平时表现和指挥实践技能进行评价，占总成绩的30%。平时表现根据课堂发言、研讨交流、案例分析等情况给分；指挥实践技能根据基本技能、指挥技能练习及想定作业完成情况给分。终结性考核分为理论考试和实践考试，占总成绩比重为70%，理论考试采取闭卷考试形式，实践考试采取随机抽考、想定作业、指挥技能考核、现场回答问题的形式。终结性考核不及格的，课程总体成绩不及格。

（二）考核改革重点分析

课程考核重点改革传统的"理论＋实践""考试＋操作"考核模式，创新"任务牵引、分段融入、能力评定，以训代考"的考核模式，为培养合格的分队指挥员搭建平台。

课程考核以分队指挥技能为重点、指挥方法为核心、指挥能力为目标。以实飞训练任务为牵引，分解能力考核指标，融入教学不同阶段，按照"掌握基本技能→研讨指挥方法→准备实飞训练→训练实施→复盘总结"分阶段逐步展开，对每个阶段所需达到的能力进行过程性评定考核，达到考核标准，转入下一阶段学习，考核与教学分段相融，在学中考、在考中学。"以训代考"可以贯穿整个教学和考核过程，教学以实飞训练为牵引，展开指挥基本技能和指挥法教学，学习作业成果即为实飞训练所需的各种方案，通过实飞训练可以检验作业成果，形成对平时作业的考核评判；实飞训练过程中，学员按编组进入指挥所，完成飞行训练又是对指挥能力的检验。

课堂教学成果映射到实飞训练中，通过飞行训练检验课堂成果、对接需求，立足岗位任职需要，以训代考，促进了学员"指挥技能→指挥方法→指挥能力"的快速递进式生成。该考核方式灵活多样，能够从多个维度反映学员分队指挥能力水平，考核分不同阶段形成了多种考核记录，由教员综合评判后给出了各个阶段的成绩，最后按各项成绩权重计算总成绩。

（三）考核改革思路

课程与飞行训练紧密衔接、融合设计，连接课程与实践，链接课堂与实践，构建基于行动和任务牵引的"实践化教学、训练、考核"一体化教学平台，实现了课程教学与实飞训练无缝对接。将课程与实飞训练活动统筹安排，将实飞训练纳入课程，成为课程的一个环节，按照"以实践化为导向，知识与技能融合一体，教室与训练一致"的教学理念，打造"大课堂"概念，将实飞训练筹划内容融入课堂教学，为开展教学训练进行准备，又通过实飞训练对课堂教学内容进行牵引和检验，最后在课堂利用复盘总结进行知识再升华。通过课堂教学和教学所构建的"大课堂"，做到了知识与技能的有效转化，实现了课堂和实践的平滑衔接，使得课堂教学能主动向实践聚焦、与实践对接，也为课堂教学提供了实践手段和考核检验平台。课程教学和考核分为 5 个阶段实施，如表 1 所示。

表 1　教学、考核分段表

内容划分	实施阶段	教学内容	考核要点
第一部分（基本技能）	第一阶段（第 1～2 周）	完成指挥技能基本训练	1. 计算；2. 文书拟制
	第二阶段（第 3～5 周）	1. 完成行动准备与实施想定作业训练任务；2. 形成实飞行动方案	1. 分析判断情况；2. 定下决心；3. 制订计划；4. 组织协同

续表

内容划分	实施阶段	教学内容	考核要点
第二部分（指挥方法）	第三阶段（第6周）	按实飞训练编组，以实践形式完成训练	训练组织能力
	第四阶段（第7～8周）	实飞训练	飞行筹划、组织、指挥、处置能力
第三部分（能力提升）	第五阶段（第9周）	1. 复盘检讨；2. 结合实飞，分析总结指挥流程与行动方案；3. 训练组织方法	1. 行动方案制定；2. 训练计划制订

三、"无人机分队指挥"课程考核改革实施

（一）考核方法

考核成绩构成。根据课程教学大纲要求，课程采用形成性考核和终结性考核相结合的考核方式评价学员的学习效果。

（1）形成性考核。形成性考核成绩占总成绩30%，以飞行训练为牵引，以指挥流程为主线，考核行动准备阶段的相关技能和方法；主要采用想定作业、课堂研讨、制订计划、现地实施等方式随堂考核；考核所形成的能力评定用于评判是否展开后续实飞训练，考核形成的作业成果用于支撑随后的无人机实飞训练行动。

（2）终结性考核。终结性考核成绩占总成绩70%，以实飞训练考核为主，在外场实飞时主要采用想定作业、制订计划、指挥实践等考核手段；实飞结束后，在课堂以检讨总结、研究论文等方式随堂考核，落实"以训代考"方式，以实飞训练组织灵活评判学员能力提升情况。

（二）考核组织实施

1. 形成性考核

（1）指挥员专业技能考核。主要考核学员计算及文书拟制等专业技能，在教学实施的第一阶段，结合课堂作业，随堂测验。

考核过程：教员以实飞训练为背景，提出侦察营会议、预先侦察指示、转换、人员编组等文书的拟制需求和相关计算需求，要求学员独立完成作业，而后进行作业观摩研讨，并组织学员在课堂利用完成的文书进行运用演练，检查拟制文书的适用性，教员以学员完成作业的完备性和实际演练效果进行成绩评定。

（2）指挥技能考核。主要考核学员分析判断情况、定下决心、制订计划、组织协同等指挥能力，在教学实施的第二阶段，采取想定作业、课堂分组研讨、制定文案计划等形式进行作业考核。

考核过程：教员给定实飞训练想定，学员按人员编组，角色代入各职务，按作业要求进行行动方案拟制，重点突出分析判断情况、定下决心、制订计划等环节。教员根据学员口头汇报和方案制定水平进行总结评价。

（3）训练组织能力考核。主要考核学员训练筹划与训练组织能力，在教学实施第三阶段，在实飞训练前，采取制订训练计划、带分队现地组织实施的方式进行。

考核过程：依据转进计划，要求学员按实飞训练预定计划展开训练，拟制训练表，教员依据训练计划制订的完备性和训练组织的有效性进行评定。部分学员考核作业，并指挥训练。

2.终结性考核

（1）实飞组织能力考核。主要考核学员结合实飞训练任务进行飞行训练筹划、飞行训练组织、飞行训练指挥、飞行处置的能力，在教学实施第四阶段，外场飞行训练期间进行。

考核过程：学员以指挥员身份进入飞行训练编组，参与训练组织，在组织训练中同步对其考核；主要考核想定作业、制订计划、指挥实践等内容。想定作业、制订计划与标准要求一致，指挥实践考核根据现场实飞结果评定。

（2）综合指挥能力考核。主要考核学员针对任务行动制定方案、训练计划等能力，在教学实施第五阶段，实飞训练结束后，课堂总结阶段进行，通过复盘检讨总结、课堂分组研讨、分析总结实飞经验，结合终结考核给定的新想定，完成行动方案制定和飞行训练计划制定考核。

考核过程：学员根据实飞训练结果进行分析总结，撰写总结报告，课堂汇报总结情况；教员给定新的想定，要求学员依案制订新的行动计划和训练计划，并进行图上汇报作业；教员依据作业情况和汇报情况进行综合评定。

四、考核改革效果分析

（一）考核成绩分析

创新"任务牵引、分段融入、能力评定，以训代考"的考核模式，依据教学大纲和课程教学计划制定考核方案，考核成绩统计如下表 2～表 4。

表 2　形成性成绩统计

分数统计	60 分以下	60～69 分	70～79 分	80～89 分	90 分以上
人数	0 人	0 人	1 人	5 人	2 人
百分比 /%	0.00%	0.00%	12.5%	62.5%	25%

及格率 100%，平均分 86.25，最高分 91.5，最低分 77.5

表 3　终结性成绩统计

分数统计	60 分以下	60～69 分	70～79 分	80～89 分	90 分以上
人数	0 人	0 人	2 人	3 人	3 人
百分比 /%	0.00%	0.00%	25%	37.5%	37.5%

及格率 100%，平均分 86.1，最高分 93.5，最低分 77 缓考 0 人

表 4　总评成绩统计

分数统计	60 分以下	60～69 分	70～79 分	80～89 分	90 分以上
人数	0 人	0 人	2 人	4 人	2 人
百分比 /%	0.00%	0.00%	25%	50%	25%

及格率 100%，平均分 86.1，最高分 92，最低分 78 缓考 0 人

学员共计 8 人，平均成绩 86.1 分，未出现不及格现象，大多数学员的成绩集中在 80～89 分，90 分以上 2 人。分析结果有两个特点，一是学员整体素质较好，能保证整体的学习效果；二是不同阶段考核成绩比较稳定，反映了学员对不同教学阶段的教学内容掌握均较好，过程学习很扎实。

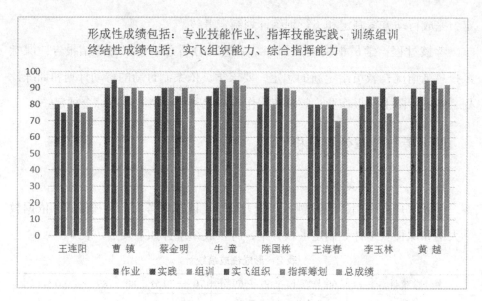

图 1　考核成绩分布图

　　形成性成绩、终结性成绩和总评成绩如图 1 所示，横轴为学员姓名，纵轴分别表示各类成绩，该班次学员的各段成绩比较均衡，且保持稳定，学员的整体学习情况较好。学员达到了课程教学计划要求，平均成绩和成绩分布符合常规。通过课程的学习，能够熟练掌握课程基本知识，掌握分队指挥基本技能，并能建立起作为分队指挥员的岗位职责意识。

　　（二）考核效果分析

　　1. 具体成效

　　（1）课程在分队指挥方法与指挥能力方面的考核更加精准、合理。

　　（2）课程的阶段式考核方式能够赋予学员学习压力，促进教学目标达成。

　　（3）考核融入教学过程，能够使学员清晰掌握自身学习状况，动态调整学习情况。

　　（4）考核立足能力评定，具有开放性和创新性，有利于诱导学员能力创新。

　　（5）考核包含"实飞训练准备—实飞训练组织—复盘检讨总结"几个阶

段，形成了知识、技能、能力上的闭环反馈，能够正向促进课程教学不断完善，有利于后续教学质量的不断提升。

2. 改革创新

（1）通过"任务牵引、分段融入、能力评定"的一体化教学、考核模式实现了能力评价的精细化管理。

对照课程教学目标，对标岗位任职专业能力标准，以考核指挥技能为重点、指挥方法为核心、指挥能力为目标，以实飞训练任务为牵引，分解能力考核指标，融入教学"掌握基本技能→研讨指挥方法→准备实飞训练→训练实施→复盘总结"不同阶段，层层展开，对每个阶段所需达到的能力进行过程性评定考核，达到考核标准，转入下一阶段学习，每阶段量化评估，及时反馈，可以实现对学员学习及指挥能力的量化和精细化管理。

（2）主体构建了"以训代考"的考核方式，突出了分队指挥的主体地位，促进了指挥能力快速形成。

本课程的核心在于学习分队指挥法，重在提升指挥能力，实飞训练是非常好的检验平台，将课堂教学成果映射到实飞训练中，通过飞行训练检验课堂成果、对接需求。教学以实飞训练为牵引，展开指挥基本技能和指挥法教学，学习作业成果即为实飞训练所需的各种文书、方案，通过实飞训练可以检验作业成果，形成对平时作业的考核评判；实飞训练过程中，学员按编组进入指挥所，完成飞行训练本身又是对指挥能力的检验。立足岗位任职需要，以训代考，促进了学员"指挥技能→指挥方法→指挥能力"快速递进式生成，贯穿整个教学和考核过程。该考核方式灵活多样，能够从多个维度综合反映学员分队指挥能力水平，同时还为学员指挥能力的创新发展提供了挑战的可能。

3. 经验成果

通过本课程摸索出了一些新的经验和做法。

（1）创建了"任务牵引、分段融入、能力评定，以训代考"的考核新模式，课程教学与实飞训练无缝对接，指挥能力生成"可视化"。

对照课程教学目标，对标岗位任职专业能力标准，以考核指挥技能为重点、指挥方法为核心、指挥能力为目标，以实飞训练任务为牵引，分解能力考核指标，融入教学不同阶段，课堂教学成果映射到无人机实飞训练中，通过实飞行训练检验课堂成果、对接需求，以训代考，促进了学员"指挥技能→指挥方法→指挥能力"的快速递进式生成。该考核方式灵活多样，能够从多个维度综合反映学员分队指挥能力水平，同时还为学员指挥能力的创新发展提供了挑战的可能，指挥能力生成"可视化"。

（2）实现了"以实践为导向，知识与技能融合一体"的教学新模式，创新了"教室与训练一致"的教学理念。

本课程的考核改革又可促进课堂教学与实训教学的深度融合，构建起"以实践为导向，知识与技能融合一体"的教学新模式，通过课堂教学和教学相结合所构建的"大课堂"模式，做到了知识与技能的有效转化，实现了课堂和实践的平滑衔接，使得课堂教学能主动向实践聚焦、与实践对接，确保了学员实践化意识的持续增强，从而又促进了实践化教学效果的不断提高；实践化教学训练又是课堂教学的延伸，是教室连接训练场的过渡，是学员迈向训练场的预演，是对课堂教学内容及效果的检验和反馈。通过课堂教学与实践化教学训练的结合，从"教室→训练场"，体现了教室连接训练场的教学理念，实现了教室与训练场的连接。

五、矛盾问题及改进建议

（一）矛盾问题

存在的矛盾问题主要体现在以下几个方面。

1. 教学资源对课程教学需求的支撑度不够

受教学时间安排、飞行训练场地、实践训练场地、人员、组织保障、飞行、空域等限制，课程不便于依托装备组织全系统、全流程的分队指挥及训练，相关教学内容无法展开，采用传统教学模式，无法呈现实飞训练过程中的分队指挥要素；针对指挥能力的考核指标无法具体化，不能落地。

2.指挥技能与指挥方法的教学模式差异性大

技能有形，方法无形，如何在掌握指挥技能的基础上，开展好指挥方法的探究式教学？如何在课堂上展开作战推演，形成支撑学员自主研究的环境与条件？这些是制约指挥类课程教学目标达成的主要问题，目前的教学条件与教学需求存在较大差距。

3.基于实飞训练进行指挥能力考核的指标体系还有欠缺

实飞训练活动中重点关注的是飞行训练，为飞行所进行的准备、训练活动占用了大量时间，在有限的时间内不太利于指挥能力要素考核的实施；同时指挥能力在实飞训练环节的考核指标体系还不尽合理，需要完善。

（二）改进建议

针对以上矛盾问题，在后续课程教学过程中通过以下措施进行整改完善：

1.构设支撑分队指挥教学的信息资源平台，弥补课程对时空教学资源需求的不足

具体措施：①针对有形的指挥技能教学，整合课程课件教案资源、模拟训练资源、讲授视频资源、行动演示资源、实验条件等资源构建教学信息平台，为学员提供各种标准、规范、案例、教学视频、多媒体素材，使得学员通过自学和课堂引导，能够基本达成规范、统一、符合要求的基本技能；②针对无形的方法论的问题，通过信息平台，提供相关的理论依据、相似的案例、必要的信息、研究的工具、飞行案例等内容，给学员留下探索的空间，使其能够自我发挥，展开研究。

2.完善实飞训练指挥能力考核指标体系，优化指挥实践环节教学模式，兼顾指挥技能与指挥能力的教学需求

具体措施：①教学过程中，时刻让学员以指挥员身份自居，开课初期即完成实飞人员编组，让学员以指挥员身份在整个课程教学过程中实现两个转变。转变一：由教员依托信息平台授课转变为学员利用信息平台学习，这是教学组织模式的转变。转变二：学员在教学模式的诱导下能够由发散到收敛，自主的围绕教学中心完成教学目标，这是学习模式的转变。在该关系转化下，课程教

学具有如下特点：课程设计时：以战术行动案例牵引分队指挥流程，牵引知识模块的展开，牵引问题链的步步形成，牵引对信息技术平台支撑需求的形成。学员学习时：反向进行，以行动案例牵引想定作业，牵引对信息平台的自主运用，牵引对问题链的步步思考和解决，牵引对能力指标的达成。②针对岗位任职需求和教学大纲要求，分解细化考核指标，确保指标的合理性和可操作性。

六、总结

分队指挥类课程岗位指向性强[5]，对学员理论知识、指挥能力、个人素质等综合水平要求高，因此探索基于岗位任职能力全模块、全过程、全方位的多维检验模式，创新提出了"任务牵引、分段融入、能力评定，以训代考"的考核模式。实践证明，该考核方法成效显著，具有一定的推广价值。

参考文献

[1] 李洋.关于大力推进作战指挥课程改革的思考[J].空军军事学术,2014(1): 61-63.

[2] 张鉴,王振田,张浩.深化任职教育课程考核改革探讨[J].海军学术研究,2016(8):70-72.

[3] 黄凯,刘涛,卫泽.海军观通雷达分队指挥课程教学改革浅议[J].海军院校教育,2013,8(4):35-36.

[4] 王云辉.步兵分队实战化训练考核应重点把握三个环节[J].南昌陆军学员学报,2014(3):29-30.

[5] 魏太平.深化坦克兵侦察分队指挥专业教学改革的着力点[J].装甲兵学术,2016(1):52-53.

多维度、全要素激活课程考核改革新思路

杨　森　胡永江　李　婧　王志丽　高喜俊

陆军工程大学石家庄校区

摘　要： "小型无人机制作与飞行训练"是相关专业的必修课程，对提升学员动手能力和装备素养具有十分重要的意义。本文针对该门课程的考核方法进行改革研究，在介绍课程概况的基础上，从考核成绩构成和考核组织实施两方面对考核改革设计思路进行了分析，在此基础上分享了改革成效和经验成果，对进一步提升该门课程授课质量具有一定参考价值。

关键词： 考核改革；改革成效

一、课程概况

"小型无人机制作与飞行训练"课程是必修课。课程内容分为无人机制作与飞行训练和 KVB207 无人机组装调试与操作训练两部分，课程分为 5 个阶段，共 50 学时。课程任务主要包括两个方面：一是使学员通过完成一套小型四旋翼无人机的设计制作，进一步深刻理解无人机组成原理、飞行控制原理等，提升包括整机装配、整机调试、飞控调参等在内的专业实践能力；二是熟练掌握 KVB207 无人机系统的结构组成以及系统展开、链路设置、参数装订、参数检查、无人机的撤收等操作流程。

二、改革设计

该门课程是一门实践性非常强的课程，其最终目的是使学员能够掌握基本的无人机设计制作、调试、飞行操控以及 KVB207 无人机的操作使用能力。下面从考核成绩构成和考核组织实施两方面来介绍该门课程的考核改革设计思路

和内容。

（一）考核成绩构成

课程考核采用形成性考核和终结性考核相结合的方式，总成绩为百分制。形成性考核成绩占 60%，考察学员在实践教学各个阶段的学习成果和总结能力，主要包括学员的无人机设计制作及调试能力，要求学员在无人机设计制作过程中确实能够真正理解无人机结构原理和制作过程，分为三大模块（无人机制作与调试实践考核报告占 30%，模拟飞行训练占 50%，实飞训练阶段性考核占 20%）；终结性考核占 40%，主要检验学员的实践成果，包括对飞行器的制作情况、飞行操控技能和 KVB207 无人机装备操作能力等，分为两大模块（飞行器飞行操控技能考核占 50%，装备操作能力考核占 50%）。

（二）考核组织实施

1. 形成性考核

（1）旋翼无人机制作与调试实践。以 3～4 人为 1 个小组，每组按照设计要求、材料工具和制作流程，以团队协作方式完成旋翼无人机制作与调试课堂实践，课后每组提交实践报告一份。实践报告内容包含：实践目的、实践要求、实践过程及注意事项、出现的问题及解决措施、实践总结体会和实践不足之处。教员根据实践报告和制作的旋翼无人机性能进行总结打分。

（2）模拟飞行训练。利用无人机模拟飞行训练软件，对单通道模拟悬停训练、双通道模拟悬停训练和全通道模拟悬停训练等训练成果进行考核。目的在于检验学员对于旋翼无人机操控能力和飞行技巧的掌握程度，提高其飞行心理素质。

训练考核过程为：个人按照给定的训练课目安排、训练任务和训练要求，逐个完成课目训练，并由教员对其训练成果进行考核，重点考核动作要领、飞行技术和飞行精度，同时提交模拟飞行训练报告，报告内容包含动作要点、出现问题和解决措施。教员根据训练报告和训练水平进行总结评价。

（3）实际飞行训练。根据旋翼无人机飞行原理，开展旋翼无人机飞行训练，同时对旋翼无人机的起飞、降落与悬停、自旋等各个飞行技能进行考核。

目的在于使学员深刻理解旋翼无人机飞行原理，检验旋翼无人机阶段性飞行训练成果，提高学员飞行心理素质。

训练考核过程为：每名学员按照旋翼无人机规定的课目进行实飞操作，重点考察飞行精度、飞行稳定度和飞行操作熟练度等方面。由教员和学员共同打分，每个班选出一名优秀飞行操控手和教员共同组成打分组，对每名学员的飞行情况进行打分，其中，教员占60%，学员占40%，最终给出单个学员的实飞阶段成绩。考核过程参照装备组训流程展开，整个实施过程严密规范。

2. 终结性考核

飞行器飞行操控技能考核由两名及以上监考教员对学员的飞行器结构设计进行现场质询，并对其飞行操控能力进行考核；KVB207无人机装备操作考核由学员现场抽取考核题目，重点考查学员装备操作的规范性和操作流程的合理性。

飞行器飞行操控技能：对设计的旋翼无人机性能进行系统演示，并按要求完成起飞、固定航迹飞行、降落等飞行任务，根据实飞情况，对飞行精度、飞行稳定度、飞行操作熟练度和降落等方面进行考核。重点考核"学以致用"和"活学活用"的能力，结合旋翼无人机的飞行原理认知规律，全面考察起飞、降落及飞行过程中相关环节的飞行操控能力。由监考教员对学员规定课目飞行操控技能进行现场评价。其中，飞机性能占10%、飞行稳定度占30%、飞行熟练度占20%、降落稳定度占20%、降落精确度占10%，其他项占10%。

装备操作能力：对KVB207无人机进行实装操作考核，考核范围为无人机全系统的展开、撤收、飞行参数的装订与检查、维护保养、装备操作流程规范性等环节内容。其中，重点考查学员装备操作规范性和操作流程的合理性。由学员现场抽取考核题目，考核题目从无人机架设、地面站架设、无人机链路设置、无人机参数装订、无人机参数检查、无人机撤收6个模块中抽取，并由监考教员进行现场评价。

三、改革成效及经验成果

（一）改革成效

对比分析：由于本门课程以提高学员动手制作、调试、飞行训练和装备操作等实践能力为目标，整个实践教学时间紧、环节多、衔接密，因此以往本门课程主要精力集中在"教"，忽视了学员"学"的效果，导致学员始终处于跟随学习状态，以致结课后约 20% 的学员不懂飞、约 30% 的学员不敢飞、约 40% 的学员不会飞。经过本轮课程考核改革，制定了基于环节的实践考核，以学员实践效果为目标开展教学，依托考核为纽带衔接各个教学环节，实现了"循序渐进、稳中有进、进有所获"的教学成果，至结课前约 80% 的学员能够熟练掌握飞行本领，有效促进了操控实践能力。主要成效表现为：

1.飞机制作调试环节，促进了团队协作精神

以 3～4 人为单个小组，每组按照设计要求、材料工具和制作流程，以团队协作方式完成旋翼无人机制作与调试课堂实践，课后每组提交实践报告一份。实践报告中包含实践要求、实践过程及注意事项、出现的问题及解决措施、实践总结体会以及实践不足之处，在该环节中，需要小组内成员通力协作才能将报告中的内容准确描述出来。同时小组内成员在该环节的分数相同，这更加激发并促进了团队的协作精神。

2.模拟飞行训练环节，激发了学员竞争意识

在模拟飞行训练环节，对考核标准进行了规范化，通过教员打分评判可以清楚地看到不同学员之间的操作差异。如通过飘移速度表征悬停精度，学员可以很清楚地看到自己的悬停效果；又比如针对最后一个全通道模拟训练课目，通过悬停时间的长短判断模拟训练效果，可以大大激发学员的竞争意识和赶超意识，增强了学习的趣味性。

3.外场飞行训练环节，提升了训练规范性安全性

在外场飞行训练中，对考核标准进行了进一步的细化，各项指标占比经过了反复实验，同时也预留了充足的分值供教员主观打分，成绩布局更加科学合理；参照装备组训方式规范了组织训练流程，使得整个飞行管控过程更加高效，降低了飞行风险，提高了飞行质量；增设的外场充电区有效增加了学员的飞行时间，避免了回教室充电耽误时间。

4.考核内容成体系，评价结果更加科学

考核内容以无人机学科知识和综合应用为支撑，与后续专业课程体系一脉相承，并为相关装备类课程的实施培养扎实的基本操作技能；形成性考核环节，通过"阶梯式"的考核改革设计，不断激发学员学习热情，增强自主学习能动性，全面提升学员的专业素养；终结性考核环节，通过"飞行训练＋装备操作"的考核，使学员能够类比学习组装飞行器和装备飞行器的区别联系以及飞行操作之间的差异，进而提升学员的飞行技能；考核体系贯穿"选型、方案设计、器件采购、组装调试"全过程，使学员在解决实际问题过程中得到不断提升，进一步培养其综合实践能力和创新精神。

（二）经验成果

"小型无人机制作与飞行训练"课程内容以"操控训练为主，理论讲授为辅"，实践特色鲜明，深受广大学员的欢迎，操控欲望强烈，学习积极性高，课程结束后均普遍反映"学到了真东西、掌握了真本事"。通过本次考核改革示范课也摸索出了一些新的经验和做法。

1.形成性考核方式多样化

形成性考核成绩采用"无人机制作与调试实践考核＋模拟飞行训练考核＋实飞训练阶段性考核"的方式进行，形成性考核成绩构成多样化，强化了学习过程评价，更加客观反映学员的实际能力。

2.模拟飞行训练考核内容精炼化

以往模拟飞行训练考核课目为9个，考核课目（对尾、对侧和对头训练）之间存在耦合且模拟考核时间过长，导致学员外场实飞时间不够。本次考核改革将考核课目由9个压缩为了5个（双通道和全通道悬停训练去掉了对尾和对侧，只保留了对头训练），在保证考核效果的前提下优化了考核内容，提高了考核效率。

3. 模拟飞行训练考核标准规范化

模拟飞行采用凤凰模拟器软件进行训练，以往训练成绩评定仅通过悬停时间（客观）和悬停稳定度（主观）来判定，随意性较大。本次考核改革结合 5 个考核课目的难易程度（前 4 个较简单，最后一个课目较难）将考核标准进行了规范化。其中，前 4 个课目的悬停时间固定为 30s，通过模拟器软件中的飘移速度来表征悬停精度；第五个课目悬停时间不限（越久越好），悬停精度用 F3C 方框的红、黄、绿圈范围来表征。实践表明，该考核标准能更加准确反映学员的模拟操控能力。

4. 组装调试过程可视化

以往组装调试采用的是"教员先行讲解、学员自行组装、教员巡回指导"的方式，组装调试过程中存在同样一个问题多个学员重复询问的现象，本次考核改革在组装调试过程中利用高清摄像头进行了可视化的展示。教员边组装边讲解，将组装调试过程通过高清摄像头投影到大屏幕上，方便学员跟进学习；同时在实施过程针对不同环节安排学员上讲台跟教员一起组装调试，极大地调动了学员的学习积极性，学员反响较好。

5. 外场飞行组织规范化

旋翼无人机外场飞行组织一直以来都是该门课程的老大难问题，由于小飞机飞行速度快，安全隐患较大，此类学员人数较多，飞机上天后很难把控。针对此类问题，外场飞行组织借鉴装备组训流程展开，制定了规范的考核实施流程，整个实施过程严密规范。同时，为了更加精准检验学员飞行技能，专门定制了类似凤凰模拟器中的 F3C 方框，一方面同模拟考核标准相一致，另一方面约束了考核场地，有效提高了外场考核的规范性。

6. 终结性考核多元化

终结性考核采用"飞行器飞行操控技能考核 + 装备操作能力考核"的方式进行，考核内容触及学科前沿，有难度，有挑战，能够充分激发学员创新潜能，有效对学员知识、能力、素质进行全面检测考核，从而进一步提升学员学习效果。

参考文献

[1] 艾文,张晓红,等.把握好四个注重提高教员实战化教学能力[J].继续教育,2016(12).

[2] 田华明,周致迎,等.推进院校实战化教学改革的几点认识[J].教育教学论坛,2018(2).

[3] 李洁,褚姝韫.基于岗位任职能力的通信士官人才培养初探[J].海潮(下半月),2015(4):79.

[4] 闫云斌,崔雪炜,王永川,等.无人机专业装备类课程教材体系建设探讨[J].继续教育,2018(3).

[5] 司海青,丁松滨,王兵,等.飞行技术专业的课程建设分析[J].学科探索,2013(1).

基于过程性评价的课程考核模式改革

谢志英　谢方方　朱　宁　王寅龙　李　玺　李　婷

陆军工程大学石家庄校区

摘　要：本课程考核改革旨在建立与"专题任务驱动"教学模式相适应的课程考核模式，课程组通过统一思想、改革考核形式及内容，制定了"信息技术与应用"课程考核改革总体方案，量化了形成性考核，增加了课程设计考核，利用云班课网络教学平台实现平时成绩的过程性考核，依托无纸化考试系统，最终实现不同难易等级题目自动抽取、自动阅卷考核，督促学员重视全过程的学习和技能应用，促进了教学效果的提升。

关键词：考核改革；过程考核

　　课程考核是高等学校教学活动的重要环节，是评价学员对专业知识和技能水平掌握情况、检验教师授课质量和教学效果的重要手段。科学合理的考核方式促进教学相长，有助于提高教学水平和人才培养质量。2015 年，国务院办公厅《关于深化高等学校创新创业教育改革的实施意见》中指出，各高校要改革考核内容和方式，注重考查学员运用知识分析、解决问题的能力，破除"高分低能"的积弊。课程考核这一教学环节对学员的学习兴趣、学习内容和方式具有较大的导向性影响，选取什么样的考核模式，将直接影响人才培养的质量，因此，课程考核改革成为培养应用型人才的需要。"信息技术与应用"作为必修任职基础课，在学员信息化素质培养课程体系中处于核心地位，对于培养学员综合运用所学计算机知识和专业技能，深化理解信息化原理和功能，提高对信息化技术认知能力以及工程实践能力等方面具有重要作用。本文以该课程为例，分析课程考核改革现状，开展课程考核改革探索，以期满足人才培养和社会发展的需求。

一、课程考核现存问题

（一）考核评分标准不明确

目前，该课程的考核方案为："考核评价包括形成性考核和终结性考核两部分。形成性考核采用考查课堂表现、平时作业、阶段性测试等方式，占总成绩比重为30%；终结性考核采用闭卷考试等方式，占总成绩比重为70%。终结性考核不及格的，课程总体成绩为不及格。"其中，平时成绩主要由课堂表现等组成，缺少具体的量化评分标准，教员往往只是片面根据课堂表现给分，主观性较强。

（二）考核内容覆盖面不足

该课程内容包括信息基础、操作系统安装与基本操作、办公软件office应用、程序设计基础、多媒体技术以及网络基础等模块。以实践操作题的考核形式，重点对操作方法、技能的考核，而缺少对基本概念、理论知识的考核，这样导致了学员部分知识只知其然，而不知其所以然的现象。

（三）考核过程只强调结果

该课程的终结性考核由一张试卷来决定，即"一考定终身"，导致学员出现"平时不学习、考前靠突击"的弊病，考核过程未能全方位记录学员真实学习水平，学员的作品没有得到及时反馈，学员的学习积极性未被有效激发等主要问题。

针对以上问题，为了充分调动学员的学习积极性，更加公正合理检验学员的学习效果，促进学风建设并提高人才培养的质量，该课程亟待考核评价方式的改革。

二、国内外主要考核模式概况

在本课程领域，国内外很多高校为了提高教学质量，培养出具有综合能力和素质的人才，从不同维度对考核方式进行了一定程度的改革，对本课程考核改革具有一定的启示作用。

（一）打破"一考定终身"，注重过程性考核

国内很多高校在学校层面、课程组层面或教师个人层面，针对信息基础类课程进行了一些改革，主要体现在过程性考核形式和比重的增加，通过多阶段、多方位、多元化的考核形式，设置教学内容，安排教学过程设计及考核，在教学的不同环节采用不同的考核手段和考核标准，设置相应的考核权重，并分阶段组织学员对教师的教学提意见和建议，教师改进后反馈至教学过程，修改教学计划，合理设置考核权重，加大过程性考核比重。大多数考核改革都能结合自身课程实际进行设计和实践，引导学员将学习重心前移，关注过程性学习和自身能力素质提升，在完善知识考核的同时，也实现了对学员思维能力、表达能力、创新能力等综合素质考核。

（二）走出"重理论、轻实践"的误区，注重实践考核

多数院校的考核改革都增加了实践考核的比重，改进了实践考核的形式。通过项目驱动、任务牵引、综合实践成果、竞赛获奖、课程论文、课程结业设计等多种形式考核学员，并针对每种形式设定并细化评价标准，从而在激发学员学习兴趣、体现公平公正的基础上，有效考核学员的实践能力、创新能力和解决问题能力。

（三）针对"互联网＋"时代课程特点，注重网络工具使用

随着信息技术和教育技术的不断发展和进步，国内在线教育发展迅速，"学堂在线"、"中国大学 MOOC"等网络学习平台越来越多，很多高校和课程甚至建立了量身定制的 SPOC 网络教学平台，教育迎来了"互联网＋"时代。很多信息基础类课程利用类似平台进行了改革，并利用平台对学员过程性学习进行考核评定。通过在线作业、线上任务、小组讨论、在线测试等多种活动，教师可以与学员充分交流、沟通、讨论，由于这些过程行为都会以数据形式记录在平台上，并对教师和所有学员可见，因此考核评价更加客观、公正、透明。

通过分析本课程领域国内外考核情况，发现有很多可借鉴的改革方法，首先，可以增加过程性考核评价比例，采用多阶段、多方位、多元化的考核形

式，将考核融入每一节课、每一专题，促进学员边学边用，更加牢固掌握相关知识和技能。其次，增加实践考核比重和形式，采用课中任务牵引、课后设计牵引，组织学员小组帮扶、讨论，采用助推机制调动学员学习热情，培养实践能力。最后，利用"蓝墨云班课"SPOC线上平台，组织学员进行头脑风暴、小组讨论、在线测试、调查问卷等活动，从学习能力、思维能力、情感态度等多方面评价学员，更加公开透明。

三、课程考核改革总体方案

课程考核改革秉承"以考为学""以考评学""以考促学"的理念，在考核内容设计上，几乎涵盖各个专题的全部知识点，实现了课程要点全覆盖；在考核时机把握上，采取线上线下、课内课外相结合的方式进行；在考核成绩评价上，采用学员自评、互评，系统自动评分和教员评价等多种模式；在考核手段上，引入了无纸化考试系统，保证了评分的客观性。考核改革总体方案如图1所示。

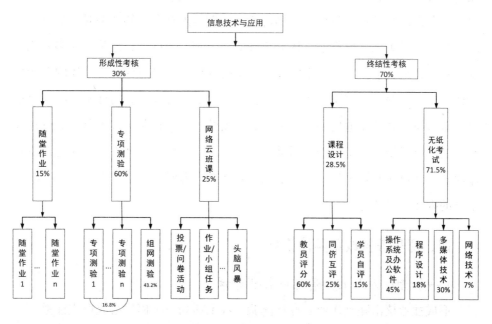

图1 课程考核改革方案

课程组瞄准学员岗位任职需求，设计考核改革总方案。本门课程是针对岗位和能力的"专才"基础课，其考核要以岗位能力目标考核为主，以知识目标考核为辅；以实际操作考核为主，以卷面考核为辅。

课程改革方案中，形成性考核占比由原来的30%提高到50%。增加形成性考核占比，对要点内容进行全过程、多维度考核。在形式性考试环节，设计了随堂作业，要求学员课堂内能够完成教员示例的任务，并且作为随堂作业当堂提交。在每个专题任务授课完成后，设置了专项测验，以实践操作考核为主。通过网络云班课进行过程性监督；在终结性考核环节，融合多模块内容设计课程设计考核环节，以单人形式完成作品，在制作过程中要求学员具有独立思考的能力、学习能力、遇到问题主动沟通和解决的能力，体现了以能力目标考核为主的原则。利用无纸化考试平台，独立进行终结性无纸化操作考试，其中操作类试题占比93%，加大了实践性考核，满足岗位任职需要。

此次改革，突出了全程化、多元化、多维化的考核模式。考核内容全程化，将每一堂课、每一专题的知识与技能融入考核体系中，增加形成性评价占比，对要点内容进行全过程、立体化考核，破解困扰多年的"平时不学习、考前靠突击"的弊病，促进学员树立正确的价值观、考试观；评价主体多元化，开展线上评价、学员自评、组内互评、组间互评和教员总评等为一体的多元化考核方式，克服"一言堂"的现象。针对不同类型的评价，设计不同的评分量表，全方位、多角度地反映学员学习的真实情况；考核角度多维化，通过在线平台的头脑风暴、小组讨论等活动，打破传统"敲黑板、划重点"式的知识灌输模式。通过实时记录学员参与活动的轨迹，与即时反馈学员作业情况，激活学员的内在学习动力。

四、课程考核改革具体措施

（一）考核方式上，量化形成性考核

形成性考核由随堂作业、专项测验、线上活动三个模块组成形成性考核。每个部分都有量化评分表。随堂作业是在每节课的课堂内完成的基本技能操作

作业，专项测验是在每个专题任务授课完成后进行的提高型知识技能作业考核，线上活动是在每节课的课前、课后通过云班课平台进行的课程内容的先修、作业、思考题与延展。各模块占比为：随堂作业 15%+ 专项测验 60%+ 线上活动 25%（百分制）。

1. 随堂作业考核

随堂作业是由 6～8 人组成一小组，在课堂内完成的基本操作技能作业，目的在于保证每堂课、每名学员的基本技能的掌握程度，通过小组互助、教员重点帮扶的形式保障作业完成。

每次实践课教员都要求学员上交作业，第二次随机抽取作业点评，有时由教员集中点评，或者是由学员之间互相点评，通过给其他学员看作业，在指出他人问题的同时，也是对自己完成的作业质量的一次检视。

2. 专项测试考核

每个专项以任务为驱动，以问题为牵引，围绕本专项的知识点设计与岗位密切相关的任务，考核学员对专题知识和技能的综合应用能力。如果说随堂作业内容是照猫画猫考核，而专项测试内容则是照猫画虎的考核，通过举一反三、加强了学员对课堂内操作技能的理解，锻炼了自主解决问题的能力。

3. 线上活动考核

教员利用云班课网络平台，通过开展投票或问卷活动，了解学员的学习基础、知识掌握情况；通过开展头脑风暴，启发学员对问题有更深层次的理解，利于学员间互相学习；通过开展作业或小组任务，进行组间互评及教师评分，利于培养学员的团队合作和竞争意识；上传学习资源，设定经验值，确保课前预习、课后提高有效进行。云班课平台经验值，客观地记录每名学员的学习轨迹，真实地反映每名学员的学习情况。

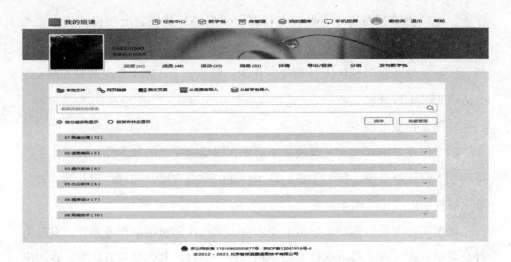

图 2　资源建设情况

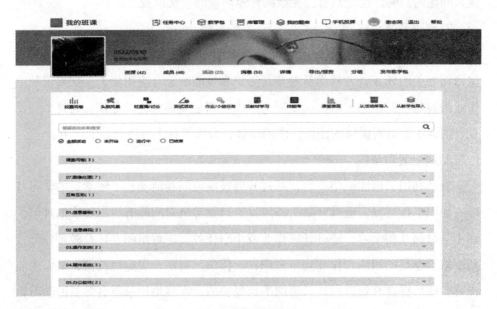

图 3　开展活动情况

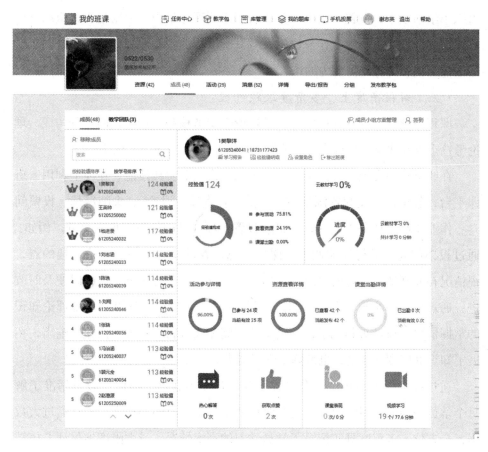

图 4　经验值排行榜

（二）考核主体上，多主体参与评价

开展线上评价、学员自评、学员互评、组内互评、组间互评和教员总评为一体的多元化课程考核方式，根据不同的考核内容，设计不同的考核主体。例如：在课程设计环节，设计了非任课教员、学员本人、其他班级学员三个主体；在开放性知识讨论环节，设计了小组内部、小组之间两个主体；在专题测验环节，设计了教员一个主体；在线上活动中，教员和每个学员都可以为某个精彩的回答点赞评价、增加经验值。

针对不同类型的评价，赋予不同权重，设计不同的评分量表。例如：在课程设计评价环节，设计了教员评分、学员自评、学员互评的评分量表；在课堂组织小组活动中，设置了组内评分量表、组间评分量表。根据量表，组织学员自评、互评、通过小组合作、讨论，激发了学员的主动性和创造性，有利于学员主体意识和自我评价能力的培养。

（三）考核角度上，多角度跟踪过程

课程考核改革的考核内容由基础理论知识考核和实践考核两部分构成。理论考核重点在线上云班课进行，实践考核在公共机房利用上机课进行。

在线下利用无纸化考试平台，考核每一模块的实践技能。在线上利用云班课平台，教员可以发起资源学习、测试、轻直播（讨论）、头脑风暴、投票问卷、作业（小组任务）等活动，最后设置各项活动的权重，得到总分。例如：通过投票问卷，进行课前调查、课后反思，教员及时了解学员感兴趣的点，视情况补充到课堂内容的讲解中，通过课后反思，及时了解不足，以便及时改进；通过作业（小组任务），考核学员基本概念、理论、计算等基础理论知识的掌握情况；通过头脑风暴，学员主动查阅相关资料、整理、内化、输出，拓展了知识的广度和宽度，也锻炼了学习能力。

通过线上线下多角度、全过程跟踪学员学习轨迹，不但使教员精准了解每个学员的当前学习情况，以便及时提醒学员学习时间和投入，而且通过大数据，全方位、多角度真实记录了学员学习的真实情况，最大限度地保证考核结果的全面、客观、公正。

五、改革创新与实效

（一）培养学员综合实践能力，实现了"以考促学"效果

在终结性考核环节中的"课程大作业"，为了降低难度，教员将整个"大工程"分为12个子任务，分别是确定选题、收集素材、确定框架、添加内容、制作母版、内容修饰、动画制作、添加音视频、微课试讲、录制微课、美化微课、提交作品。教员将每个子任务贯穿课堂授课始终，一步步让离散的知识点凝聚成体系化和综合化的"产品"，又激发学员过程性学习的热情，学员的知识综合应用能力、高阶思维能力等得到提升。

通过云班课头脑风暴、小组讨论等开放互助的活动、锻炼了学员自己发现问题，自己解决问题的学习能力，培养了学员的团队合作能力和追求真理、精益求精、锲而不舍的工匠精神。

（二）指导教员改进授课模式，促成了"以考促教"效果

在形成性考核中，将每个模块考核全部划分为有迹可循的、可量化的、客观的分数。随堂作业记录了学员是否完成课堂基本任务的次数和质量，专项测验呈现了学员每次参加小测验的成绩，线上活动全过程记录了学员的学习情况。通过对每类每次考核结果的分析、反馈，指导教员调整和改进授课方法、内容。例如：通过云班课调查问卷，了解到学员的学习兴趣点、困惑点；通过课前资源学习，了解到学员的预习情况；通过活动参与详情等直观地、可视化地展示了学员参与程度和对知识的掌握程度。

同时，促使教员更新自己的教学观念，更加注重倾听学员对教学的意见，了解学员对教学的需求，提高和完善自己，研究和运用教学规律，进一步提高教学效果。

六、结束语

本次课程考核改革，从考核方式上，量化了形成性考核；从考核主体上，引入了多主体参与评价；从考核角度上，设计了多角度、全过程跟踪学习过程。最终形成了一套层次化试题库、无纸化考试系统、蓝墨云班课课程资源；创设了一系列活动，课前课中课后设置的一系列任务，帮助学员巩固所学知识、对抗遗忘；尝试建立了"隐性助推机制"，即利用及时反馈机制、损失厌恶心理等，形成你追我赶的学习氛围。通过课程考核改革，促进学员由被动学习转向主动学习，正视学习与考核，充分发挥考核的导向、激励和调节作用。

参考文献

[1] 刘建平,贾致荣.混合式教学课程考核方式改革研究[J].中现代教育装备,2017(277):42-44.

［2］ 罗三桂,刘莉莉.我国高校课程考核改革趋势分析[J].中国大学教学,2014(12):71-74.

［3］ 傅新,李琴,等.面向应用型人才培养的技术类课程考核改革探索[J].教育现代化,2018(14):87-88.

［4］ 董银文,万銮,等.军校任职教育课程考核制度改革探讨[J].继续教育,2015(3):25-27.

［5］ 古兴伟、赵虹,等.混合式教学模式下课程考核改革研究——以《地质学基础》课程为例[J].现代商贸工业,2021(15):161-163.

［6］ 乔安丽,章翅.智慧课堂教学模式下高校思政课过程性考核改革探索[J].辽宁师专学报(社会科学版),2021(2):41-43.